組織改革

JN037814

組織改革

概念と実施テクニック

ムサ・アリ 著

公益社団法人 日本マレーシア協会

ITBM
Institut Terjemahan & Buku Malaysia
Malaysian Institute of Translation & Books

This book ＜組織改革　概念と実施テクニック＞ is a correct translation of the book Organisational Transformation: Concepts and Implementation Techniques by Musa Ali, originally published by Penerbit Universiti Sains Malaysia, 11800 USM Pulau Pinang, Malaysia.

Jointly Published by:

PENERBIT UNIVERSITI SAINS MALAYSIA
Universiti Sains Malaysia
11800 USM Pulau Pinang, Malaysia
Tel.: +604-653 3888　　Fax: +604-657 5714
E-mail: penerbit@usm.my　　Website: http://www.penerbit.usm.my

AND

JAPAN–MALAYSIA ASSOCIATION
1-1-1, Hirakawacho
Chiyoda-ku, Tokyo
Japan 102-0093
Tel.: +813-3263-0048　　Fax: +813-3263-0049
Website: www.jma-wawasan.com

AND

INSTITUT TERJEMAHAN & BUKU MALAYSIA BERHAD
Wisma ITBM, No. 2, Jalan 2/27E
Seksyen 10, Wangsa Maju
53300 Kuala Lumpur, Malaysia
Tel.: +603-4145 1800　　Fax: +603-4142 0753
E-mail: publishing@itbm.com.my　　Website: www.itbm.com.my

First Publication 2021
Translation and Publication © Penerbit Universiti Sains Malaysia, Japan–Malaysia Association and Institut Terjemahan & Buku Malaysia Berhad
© Penerbit Universiti Sains Malaysia, 2017

Printed in Malaysia by: Sinaran Bros. Sdn. Bhd., 5-3-18 The Promenade, Persiaran Mahsuri, 11950 Bayan Baru, Pulau Pinang, Malaysia

目次

はしがき ジェームズ・L. ペリー

　変化は、組織という生命体において不断に続く営みです。組織を取り巻き、進化し続ける環境、そして組織自体は絶えず変化しています。人気メディアへの投稿者は、変化を推進する力のリタニィ（連祷）を高らかに謳い上げています。グローバリゼーション —— それは、世界的な経済の影響と伝統的な地元の規範の侵食を併せたものです —— は、しばしば優先事項リストの最初の項目に挙げられます。政府に対してますます主張が強くなる市民の要求と、現代世界、特に発展途上国において、高まっている政府の行動との利害関係は、変化のもう一つの推進力になっています。デジタル技術とソーシャルメディアは、グローバリゼーションと市民の期待の高揚を補完しています。変化は現実のものであり、今も加速している可能性があります。

　変化は組織生活に不断のものかもしれませんが、改革はそうではありません。組織のメンバーやリーダー達は、組織の機能を改善する方向へ向かう変化を予測し、意図的に行動を起こすことに失敗することがよくあります。そして、より効率的かつ効果的に機能できるよう組織の能力を高める機会は失われてしまいます。

　この変化と改革の関係こそが、本書が重要である理由です。著者のムサ・アリ博士は、本書の冒頭で次のように述べています。変化と改革はお互いに関連しており、相互を補完するものであると。しかし、残念ながら、変化から起こった"乱れ"は、池を横切るさざ波のように、この本の中心メッセージである積極性と先見性を伴わないことがよくあります。上に述べた開発から生じる変化に対処するために、私達はしばしば、事実上すべての組織に必要な積極性と先見性を改革と関連付けます。

　ムサ・アリ博士は称賛に値する本書を著しました。彼の著書は、信頼を置くことができ、親しみやすく、そして読みやすい作品です。本書の持つ

信頼性の一部は、著者が改革を研究し、教え、そして実践してきた豊富な経験に裏付けられています。ペナンのマレーシア科学大学の行政イノベーションと生産性センターのディレクターとして、ムサ博士はマレーシア国内と海外の両方の舞台で改革に取り組んできました。

本書は健全な理論と概念に立脚して執筆されており、新たに確立された概念と理論、そしてカート・レヴィンのように時の試練に耐えた古典的な存在の研究者の理論からも引用しています。ムサ博士は、また、従来の人事管理手法や、最も特徴的には、業務分析と業務評価を、彼が提示する改革の枠組みに統合しています。

上に述べたように、本書は親しみやすく、読みやすい書籍です。このことは、改革計画を進めるために本書を活用しようとしている人たちとってありがたいことです。

本書が、改革の実施に対して払っている配慮は称賛に値します。各章は、読者がその章で提示されている問題の重要性を理解するのに役立つシナリオから始まります。 多くの章には、アイデアや実施計画を実施する際、改革に関連するさまざまな問題に直面する管理職に向けた挿話が含まれています。各章の終わりには、伝えたいメッセージを補強するためにまとめが記され、章の主要なアイデアとポイントが補強されています。 そして、本書は組織改革計画の実施を補強するためも組織改革チェックリストを備えた付録で終わります。

私は、ムサ博士が公共サービスを含めて、動機付けに大きな注意を払っていることを特に嬉しく思います。多くの場合、改革には自らの行動に対する直接的な打算を無視し、より高い目標に向かって改革に専念する人たちのリーダーシップが必要です。他人の利益を追求する人々を採用し、改革に関与させることは、困難を伴う改革作業を促進することなのです。

本書は、組織改革を主導的に推進したいと考える多くの管理職にとって歓迎すべき資料です。 しかし、はっきりさせておきましょう。この本は、改革の成功を目指す管理職が手にすることのできるリソースに過ぎません。

本書を手にした人々が、ムサ博士が本書を通じて彼らに提供する正しい方法で改革を達成できることに気付き、その結果、改革に積極的になることを願っています。改革は難しい作業です。本書は、そのアドバイスに耳を傾ける人々にとっては、彼らの仕事の困難さを低減するものなのです。

ジェームズ・L. ペリー
インディアナ大学（米国、ブルーミントン）
公益環境学部　名誉教授

はしがき　カーマイン・ビアンキ

　本書は人生に関する著作です。人間と組織の両方にとって、改革は、さまざまな利害関係者のニーズを満たすことを目指している人々、グループならびに組織の状態の漸進的な変化を特徴付ける自然なプロセスです。

　同様に、個人にとっても、組織の改革（すなわち、変化）は、人生の一部であるため、避けたり、無視することはできません。組織体制の設定条件（有形および無形の体制とプロセスの両方）を維持することは、方針立案者が採用する意図的な戦略かも知れませんが、内部および外部変数による変化は常に組織の生命と業績に影響します。したがって、改革の管理、つまり組織の結果に影響を与える役割を認識し、それに影響を与える変数に基づいて行動することを目的とした行動を計画することは、組織の成功、持続可能な発展、そして存続に不可欠なのです。

　この点において、慣性的／漸進的な改革と大きな改革の両方はお互いに関連しています。組織の改革計画とは、（1）病気に進展する可能性のある組織の機能障害に対抗するため、（2）組織の成功を促進する可能性のある戦略的機会を活用するために、（3）大規模な危機を解決することを目的とした大規模な再編プロセスに着手するか、あるいは、（4）組織の戦略的リソースの能力と展開へのわずかな適応を通じて、現在の組織プロファイルを維持するために、短期的および長期的な変化パターンを特定して管理することを意味します。

　特に、組織が、予測不可能な状況が発生する複雑で動的な環境下で運用されている場合、改革計画の立案と管理は、組織の学習とコミュニケーションにつながるインテリジェントなプロセスでなければなりません。したがって、組織の改革には、調整と一貫した設計と実施が必要になります。改革の実施は、機械的または手続き的な活動として理解するべきではありません。適切な方法とツールは、効果的な改革を成功裏に実施し、持続可

能な組織の発展と維持に導くために必要なものなのです。

　本書は、効果的な組織改革を設計および実装するための明確な洞察、方法、およびツールを提供します。 その明確で簡潔な表現によって、本書は、さまざまな組織環境や産業界における初心者と実務担当者の両方にとって、理想的なものになっています。

カーマイン・ビアンキ
パレルモ大学（イタリア）
経営・公共管理学部　教授

緒　言

　積極的で先見性のある組織とは、より良い変化をもたらすための準備が
整った組織です。　競争的な環境では、場合によっては過度に強く競争的
であることもありますが、組織は、関連性と競争力を維持するために組織
を改革する必要があります。

　改革計画を効果的に実施し、サポートするために、組織はその方向性と
戦略が内部および外部環境の変化に追随できるように、必要な措置を講じ
る必要があります。この戦略的方向性への変更は、行動計画によってサ
ポートされる必要があります。　このような計画には、仕事の範囲、体制、
価値観、姿勢ならびに競争力の検証と変更、また、その従業員の能力レベ
ルでの改善を確保することが含まれます。これらの変更は、将来の課題に
対処するために、適切な計画とそれらのタイムリーな実施を可能とする戦
略を通じて達成できます。

　改革計画の立案と実施において、すべての組織が採用できる唯一絶対的
なアプローチは存在しないという厳然たる事実があります。これは、一般
に、それぞれの組織に独自のシステム、プロセスおよび文化があるためで
す。本書は、改革計画の立案と実施の指針に資する書籍として執筆しまし
た。本書では、組織が改革計画を実施する際に採用すべきアプローチと人
材管理の手法について解説しています。

　本書では、ケースまたはシナリオアプローチを採用し、各章の最初にシ
ナリオを掲げ、その後に概念と実施手法の説明が続きます。　第1章では、
用語の定義、変化モデル、および改革の範囲について議論します。議論は
第2章に続き、組織改革の成功を決定する推進力、要素、および重要な要
因について議論します。　第3章では、改革の枠組みと、改革のための戦
略的な行動計画の立案に使用できる手法について説明します。

第4章では、改革に伴う課題、すなわち組織の使命を個々の業務に関連付ける方法について議論します。 第5章では、業務の範囲と組織体制の変化をもたらす改革の影響について分析データに基づいて議論します。第6章では、組織の方向性に合致した、必要な能力と知識を訓練や教育を通じて従業員に確実に習得させるための、組織における競争力育成について議論します。

第7章では、動機付けの内発性および外発性要素について説明します。また、公務員の動機についても議論します。 第8章では、改革コミュニケーション計画の重要性について説明し、最後に第9章で、改革を制度化し、組織の従業員が実践する文化と価値を醸成する方法を議論します。

本書は、さまざまな関係者の支援なしには実現しませんでした。 第4章と第5章の執筆に協力いただいた、ロンドンのECCのニコラス・ジョンストン氏とサンドラ・ウォルトン氏には特別な謝意を表します。また、本書の構成に対してご助言をいただき、またそれぞれの組織における改革の経験を共有いただいたダト・Dr.ムハマド・ジャンタン氏（USM）、スティーブン・バートン氏（Workplace DNA、オーストラリア）、ナシッド・アルカリッド氏（サウジアラビア、アラムコ）、モハメド・アルトイビ氏（サウジアラビア保健省）各位にも感謝を捧げます。

さらに、2016年以来、マレーシア科学大学行政イノベーションと生産性センター（PIPPA）との共同研修プログラムを通じて、日本の公共部門における改革に関する情報を共有してくださった、政策研究大学院大学グローバルリーダー育成センター所長の堀江正弘教授に、特別な謝意を表します。

幅広い読者の好評を得た本書の原語版を2014年に発刊して以来、内容の更新を図る努力を続けるとともに、英語版（2016年）、アラビア語版（2019年）そして日本語版（2020年）を発刊しました。これらの更新も、さまざまな関係者の支援と貢献なしには実現しなかったでしょう。 中でも、2013年に始めた「組織ガバナンスによる組織改革（TUBE）」コースの受講者のフィードバックに心から感謝の意を表したいと思います。

　最後になりましたが、この本の執筆に際して私のインスピレーションの源となった妻のズリダ・アジズと私の子供達、ムハマド・アミルル・ソリヒンとヌルル・アミラー、そして、息子と家族の成功と幸福を祈ることを忘れることが一度としてなかった、私の両親であるハジ・アリとハジャー・ノルマに特に感謝します。

ムサ・アリ
マレーシア科学大学（マレーシア、ペナン）
行政イノベーション＆生産性センター

2020 年

第1章｜組織改革の必要性

シナリオ

　組織Aの経営陣は、組織を改革しようと計画している。しかし、多くの従業員は既存のプログラムを引き続き重視すれば十分だと感じている。それは、改革を立案、実施すれば、自分たちの組織が数々の困難に直面すると予想されるからだ。

　能力の向上は、全世界の組織にとって重要な目標である。成功する組織が理解していることは、サービスを改善するためには、正しい人的資源管理戦略を実践する必要があるということだ。この件については、ほとんどの人が「改革」と言う用語を口にしたり、あるいは少なくとも耳にしたことがあるだろう。公務員に関して言えば、行政改革とは、多くの場合、市民に提供するサービスの質を向上させることを目的とする変化を指している。これには、人々の幸福のための施設やインフラの供給が含まれている。行政改革計画には、国家の発展のための努力目標の実現促進も期待されている。この目的を達成するためには、行政改革が、政府の行政機関だけでなく、政府機関の省・局・部も含んだ実施機関においても実施される必要がある。

　しかし、ここでよく発生する問題は、改革計画の実施にあたっては、組織の再編や従業員の配置転換が必要になる可能性があるため、どのレベルの実施機関において、どのように改革計画を始めるかということである。これは、どこから、どのように始めても大差ないという意味ではなく、再編を始める前に検討すべき事案、要素があるということである。行政改革の場合、実施機関が改革プロセスを円滑かつ体系的に実施することができるように、政府は一般的な参考情報として改革計画の実施に向けた基本的な枠組みをまず打ち出すべきである。これによって、政府の改革計画と実施機関の計画が整合していることを保証できる。

定義

　組織は、「協力して働き、また目標を達成するために互いに依存し合う個々人で構成される社会単位」として定義できる。 一般に、組織は開かれたものであり、その発展は内部または外部的な要因の影響を受ける。

図1.1　インプットとインパクトの関係

　図1.1に示すように、組織には複数の基本的な構成要素、すなわち、インプット、プロセス、アウトプット、成果（アウトカム）そしてインパクトがある。図には、効率的な組織を構成する各要素の関係を示した。もし組織が効率に注目するなら、限られた期間に生み出される量などのアウトプットが重視され、成果とインパクトに注目するなら、その対象グループに向けたプログラムが効果的であることが重視される。

　「transformation（改革）」という用語は、接頭辞「trans」と「form」という言葉から成り立っている。「trans」は「〜を横切る、〜を超える」という意味で、「form」は「出来上がった形または状態」である。

　「transformation」という単語はこの二つの言葉から成り立っており、本質や機能の変化を意味している。対象の改善や競争力向上の試みの結果として「transformation」（本文で「改革」とする）が起こる。このような努力は、組織の存続を保証するためだけではなく、良いサービスや製品を提供するために組織の効率や有効性を向上させるためにも行われている。

　改革は変化とは違うと考える人もいるかもしれないが、この二つの概念は相互に関係があり、互いに補完するものである。本書では、実施する観点から見れば密接な関係のあるこの二つの用語を区別しないものとする。

組織と変化

　競争的な環境、また時には過度に競争的になる環境において、組織は変化することを求められる。したがって、組織は変化することで存続することができるという事実を受け止めなければならない。なお、変化に対応するために組織が採用するアプローチには様々な種類がある。

　組織の中には、受動的に変化する組織がある。すなわち、何かが起きてから、他の組織が取ったアプローチを模倣するのだ。このアプローチには、組織が存続するためにシステムや方法を変えるということを含まれている。このアプローチは「アウトサイド・イン」型のアプローチとして知られるもので、外部の変化が決定的要因となり組織が変化する。

　しかし、中には、組織内外での出来事に対して、自らが変化して対応することに消極的な組織もある。このような組織は、変化の必要性に対応することができず、最終的に競争力を失ってしまう。

　能力の高い組織は、自らの意思で変化する。適切な変革計画を立て、いつも積極的に対応することを保証している。これは、組織が「インサイド・アウト」型のアプローチで計画を立てていると言える。このアプローチを取る組織は、見境なく他の組織を模倣しないが、最も効率的かつ効果的な方法で、組織の目標や方向性を実現させるために十分な知識をもとに行動する。

　図1.2（上）に、現在の能力に無関心な組織によく見られる保守的なサイクルを示す。このサイクルに陥ると、目標が曖昧になり、組織は方向性や戦略を率先して見直そうとしなくなる。この結果、組織のすべての活動は、現状から改善されなくなる。最終的に能力のギャップが生まれ、組織全体の能力に影響が出てしまうことになる。

　改革サイクル（同、下）が進展するのは、組織が意欲的に目標を設定し、目標達成のために適切な戦略を立てた場合である。この結果、従業員も組織も総じて能力を改善できる。

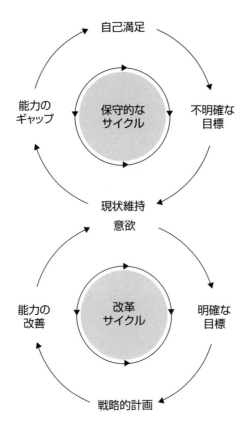

図 1.2　保守的なサイクルと改革サイクル

出典：Perry & Sherlock（2008）

改革の必要性

　様々な要因によって組織は改革に動く。一般的に、要因は外部的なものと内部的なものに分けられる。外部的要因には以下のものが含まれる。

経済

　組織が競争力を保つためには、経済の変化に敏感でなければならない。ビジネスサイクルや金利の引き下げ、外国為替相場、資産価値、インフレ、税率、国内外に向けた経済政策などが、組織の方向性に影響を与える要素になり得る。

政治

　政治的な変化には、国の政治的指導者の変化や国民からの要求を満たすための政策の変化、動的な環境に順応するための政策の採用などがある。

社会文化

　社会文化の変化は、人口分布や教育レベル、都市化のプロセスを通して見られる。外部的要因だけでなく、内部的要因も組織における改革の実施に影響を与える。組織の改革に影響を与える内部的要因には、以下のものが挙げられる。

資源

　資源には予算配分や資本、人的資源などがある。資源の構成を変えると、組織内部の配置の調整が起こり、より効率的な管理を行える可能性がある。

組織体制

　改革は、組織の体制再編に伴って起こる場合がある。この方法は、組織のリーダーシップに体制を一致させるために使われることもあれば、組織の戦略的目標を変更した結果として必要になることもある。

技術

　技術の変化も組織改革の一因であり、組織が競争力を保ち、顧客に質の高いサービスや製品を提供するために必要な要素である。

リーダーシップ

　リーダーシップのスタイルの変化は、改革を起こす内部的要因の一つである。リーダーシップの変化は、効率的で効果的に組織の目標を達成するために、利用可能な資源を最大限に活かすことに役立つ場合がある。

変化モデル

　基本的に、現状に立ち向かい、組織を変えて改善することが組織改革の使命である。改革プロセスにはいくつか段階がある。カート・レヴィン（1951）は、図1.3に示したように、三つの段階を提示した。

図1.3　カート・レヴィンの変化モデル

　最初の段階では、組織が行動せざるを得ないような内外環境の課題や変化に直面した際に「解凍」が起こる。この段階では、組織は確実に正しい方向に進むことが求められる。すなわち、新しい慣行を確立するために現状と対峙することが目的となる。解凍の段階では、組織は現在の慣行に立ち向かい、変化を妨げる要素をどうやって取り除くか考えなければならない。

　二つ目は、「移行」の段階である。この段階では、組織は改革計画が効果的に実施されるように適切なプログラムを立案し実施しなければならない。この段階において、行動様式や価値観、姿勢だけでなく、体制再編など新たな業務体制の変化が生じることが期待される。

　三つ目の段階は「再凍結」である。新たな行動様式や姿勢を獲得する段階である。続いて新たな文化や行動様式が、組織によって当たらしい文化の一部として固定化されるよう「再凍結」する。

現在の組織の課題

　現在の組織は多くの課題に直面している。世界中のCEOに対して全国産業審議会（The Conference Board on chief executive officers）が実施した調査によると、一般に、組織は10個の重要な課題に直面していることが分かった（表1.1）。

表1.1　CEO の課題順位（2012 年〜 2015 年）

課題	2015	2014	2013	2012
人的資源	1	1	1	2
顧客関係	2	2	4	7
革新	4	3	3	1
運営の優秀さ	3	4	2	N/A
ブランド、評価	6	5	8	9
政治的 / 経済的リスク	7	6	5	3
公的な規則	5	7	6	4
持続可能性	10	8	9	8
国際化	8	9	7	5
ビジネスにおける信頼	9	10	10	N/A

　表1.1 は、2012 年から 2015 年にかけて実施された調査結果である。調査結果を分析すると、上位 4 つの困難、すなわち人的資源と顧客関係、革新、運営の優秀さは、内部的なものであることが分かった。この結果から、組織が内部的な調整に焦点を当てる必要があると言える。したがって、組織は以下に従って自らの内部側面に注目しなければならない。

1．積極的に課題に取り組み、少ない資源でサービスの質を向上させる。
2．早急に、技術的課題に対処するための行動様式と戦略に適応する。
3．サービスに影響を与え、かつ価値を高めるよう、有能で複数の業務をこなせる人材（人的資源）採用する。
4．組織の方向性や目標を達成できるよう、体制と業務の流れを整える努力をする。
5．組織の目標と個人レベルにおける業務説明書のつながりを明確にする。

改革の規模

改革は必ずしも大掛かりなものではない。穏やかな場合も小規模の場合もあるが、組織への影響力は強い。

改革の規模は様々な要素によって変わる。例えば、改革計画の目標や改革プロセスをどのような規模で進めるかといった要素である。他にも、改革プロセスの継続期間や、期間を短期から長期のいずれに設定するかという要素もある。改革の規模に影響する要因には、その改革が、戦略段階、運用段階、あるいは組織的段階のいずれの段階にあるかということも挙げることができる。

図1.4は改革の規模に関する一般的な考え方である。図に示すように、どの組織も自ら設定した将来展望に向かって進むものである。

図1.4に示す通り、一般的な状況の下では、組織はA点からB点に移行する。例えば、A点の段階で、組織はB点での展望に向かって計画し、行動する。しかし、組織の使命や展望を変える出来事があると、改革プロセスは極端に変わってしまう。改革プロセスが変化した場合、方向性はA点からC点（新たな使命）に変わり、新たな展望、D点に到達しようとする。

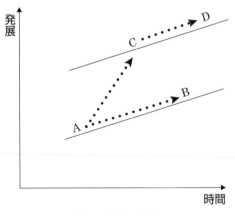

図1.4 改革の特質

　例えば、ある組織が 1970 年代に設立された際、時代の需要に合った特定の使命を持っていたとしよう。時の経過とともに、内部的そして外部的な変化のため、使命を見直す必要が出てくる可能性がある。その結果、組織は新たな展望や使命を設定し、現在と今後の計画の需要に合致した関連性や競争力を保持しようと努める。これは、サービスを提供する組織でも、製品を販売する組織でも、同様にしばしば起こることである。この時、組織が設定された目標を達成するためには、これらの変化に続いて異なった戦略的な行動をとることも必要になる。

　一般的に、改革プロセスの途中と最後に見られる変化には、体制の変化、技術の変化、戦略の変化、そして姿勢や技能、知識も含む人材管理に関する変化の 4 つの種類がある。

　とりまとめれば、改革の目標は費用や時間といった資源の効果的な使用を進めるだけでなく、変化によって望ましい成果を生み出し、組織が設定した対象グループや戦略的な目標に影響を与えるよう徹底するということでもある。そのため、本章冒頭のシナリオで取り上げた組織 A に変化が必要な理由は、顧客に対するサービスの提供という観点から、関連性と競争力を持つように努めなければならないということになる。

まとめ

- ❖　組織が周りの環境に対して見せる反応は三つに分かれる。すなわち受動的、反動的および積極的の三つのタイプである。
- ❖　改革とは、ある段階から別の段階に移ることである。
- ❖　内部的そして外部的変化は組織的な改革に影響を与える。
- ❖　人的資源は世界中の組織が直面する大きな課題である。
- ❖　改革計画の実施には、様々な規模がある。

第2章｜成功する改革の基本推進力、要素および要因

シナリオ

　スチュワート氏は、6ヶ月前に部長の辞令を受けて以来、自分自身の行動計画を立てるために、既存の戦略計画を参照してきた。しかし、改革を支援するはずの、自らが立てた戦略計画が望み通りの結果を生み出せず、スチュワート氏は悩んでいる。

　組織にはそれぞれに特有の課題がある。組織の長所という観点から、組織の目標達成に向けて、いくつか基本的な必要条件が揃わなければならない。一般的には、三つの推進力が組織の良し悪しに関わる。すなわち、図2.1に示す通り、能力（人材）、ガバナンスならびに資源の三つである。

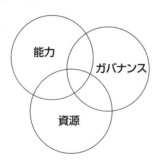

図2.1　組織の優位性を生み出す三つの推進力

　一つ目の推進力は能力である。組織は、改革の目標を達成するために、従業員が組織の発展に必要な能力や知識、姿勢を身につけているかを確かめる必要がある。有能な人材を登用し、育成・指導するプロセスについて、戦略的な計画を立てなければならない。

　二つ目の推進力はガバナンスである。ガバナンスの一般的な定義は、組織内の業務を管理したり、コントロールするシステムを意味し、計画立案プロセスや実施時における様々な利害関係者への対応も含んでいる。良いガバナンスとは、誠実さや説明責任、透明性に基づいたものである。

　良いガバナンスは、プロセスや手段はもちろん、組織の管理方法や、そして特に、組織が設立された理由や目的、組織の価値観という基本的な側面をカバーしなくてはならない。

　三つ目の推進力は資源である。資源の管理には、資源が最大限に生かされ組織の改革目標の達成を支援するために、資源の識別、計画、実施およびモニタリングが含まれる。資源管理には、正確で入手しやすいデータが必要で、それによって短期的にも長期的にも資源の適切な利用計画を確保できる。また、不測の事態は起こるものと考えるべきである。組織の戦略目標に向けた既存の資源や今後入手すべき資源の調整は、組織の資源管理で検討されるべき項目である。

組織的な改革の要素

　前述した改革における三つの推進力は、さらに以下のように細分化でき、それぞれが改革プロセスで重要な役割を持つ。

目標

　明確な目標や方向性は、様々なレベルで立案されたすべての計画を実行する上での指針になる。目標を設定することで、従業員の考える自身の役割と組織レベルで考える役割の間に生じる食い違いを防ぐことができる。

システム

　システムとは、構造、関係性、方法から成り立っており、組織が目標を達成するために作り出すものである。

管理

　管理に必要なのは、人的資源や財源、物的資源、情報資源に対して計画を立て、組織化を行い、指揮 を取り、調整をし、統制するということである。

リーダーシップ

　目標を達成するために、共に働く者に影響を与える能力である。組織の

改革を行う中でリーダーシップが重要な役割を持つのは、改革プログラム
を先導するためだけでなく、全てのプログラムを目標達成に向けて適切に
調節するためでもある。

体制

体制とは、組織が構築する部署間の関係性であり、組織の目標を達成可
能にするためのものである。改革プロセスには、アプローチと方向性に合
致した優れた組織体制が必要である。

動機、動機付け

動機は、肯定的にもあるいは否定的にも、目的に向けた自らの行動を推
進または導くものである。改革には、組織のさまざまなレベルの従業員の
高い動機が必要である。

コミュニケーション

コミュニケーションとは、情報やアイデア、考えを個人間やグループ間
に伝えることである。これは交流のプロセスであり、組織的な改革のプロ
セスでは重要なことである。

資源

改革の文脈では、組織の目標を達成するために既存の資源を最適に利用
することを指す。

姿勢

一般に、姿勢とは行動を生み出す思考や感情である。認知的、情緒的、
精神的ならびに意欲などの要素がある。認知は学習したことや知識が関連
する。また、情緒は感情に関連し、精神動機は行動に関係する。

上に列挙した要素はお互いに関連している。したがって、どれかひとつ
でも欠けてしまうと改革プロセスに悪影響が出ると考えられる。

図2.2に、各要素と影響の関係を示す。要素すべてがそれぞれの役割を
果たさなければ、組織は効率的かつ効果的な方法で目標を達成することは
できない。

　すなわち、成功する組織は、明確な目標を設定し、適切な管理やリーダーシップ、体制と言った重要な要素に支えられているのである。

　要素のひとつでも不足すれば、組織の改革プロセスに悪影響が出て、個人やチーム、そして組織にマイナスの影響を与えると考えられる。

　実際、改革計画には当事者全員の積極的な参加と協力が必要である。ここに含まれ得るのは組織のサービス部門の従業員だけでは、すべての従業員や利害関係者である。加えて、組織は、顧客あるいはターゲットとなるグループの実際のニーズを考慮しなければならない。これらの要素を考慮に入れなければ、改革は目標通りには実現できず、顧客に最高のサービスを届けることができなくなる。

　同時に組織は目標を達成するために、既存の能力についても考えなければならない。また、組織は、将来の課題に備えて現有の人的資源、資本および技術能力を評価しなくてはならない。さらに、組織の目標を達成するために、従業員レベルの行動に組織の使命を落とし込むよう努めなければならない。言い換えると、組織の方向性と従業員の業務範囲の調整を実施しなければならないということである。

改革を成功させるための決定的な要素

　多くの重要な要素が、組織の改革を成功させる鍵となる。以下に例を挙げる。

環境分析

　組織内外の環境の分析は重要である。これによって、立案中の改革計画が本質的に総合的で革新的なものになるよう万全を期すことができる。しかし、往々にして、将来展望に関わる環境分析がなされることなく、改革計画の枠組みが作られる場合がある。この場合、改革計画は非現実的なものになり、環境の変化や組織の有する資源や能力とバランスしなくなってしまう。すなわち、（内外の）環境を分析しなければ、様々な状況を考慮した基礎や枠組みを持った改革計画を立案することはできない。環境分析

要素									成果
目標	管理	リーダーシップ	システム	体制	動機	コミュニケーション	資源	姿勢	成功モデル
	管理	リーダーシップ	システム	体制	動機	コミュニケーション	資源	姿勢	混乱
目標		リーダーシップ	システム	体制	動機	コミュニケーション	資源	姿勢	説明責任欠如
目標	管理		システム	体制	動機	コミュニケーション	資源	姿勢	分散
目標	管理	リーダーシップ		体制	動機	コミュニケーション	資源	姿勢	方向性欠如
目標	管理	リーダーシップ	システム		動機	コミュニケーション	資源	姿勢	システム欠如
目標	管理	リーダーシップ	システム	体制		コミュニケーション	資源	姿勢	先導性欠如
目標	管理	リーダーシップ	システム	体制	動機		資源	姿勢	矛盾
目標	管理	リーダーシップ	システム	体制	動機	コミュニケーション		姿勢	失望
目標	管理	リーダーシップ	システム	体制	動機	コミュニケーション	資源		行動欠如

図 2.2　組織管理における要素と成果の組み合わせ

に基づかず、戦略的アプローチに依らない改革計画は、単なるルーティン的かつ現状の追認に過ぎないとみなされる。

利害関係者の調整と協力

　展望や使命、戦略を打ち出すだけでは、改革計画の実行は成功しない。改革計画の立案過程に従業員や利害関係者が関与していなければ、それは失敗の原因になり得る欠点である。

　従業員からフィードバックを得られていないことは、組織が戦略的な方向性を打ち出す際の弱点になり、改革計画の実行に対する理解や選挙的な参加の欠如に繋がるだろう。改革計画を立案する際、組織は利害関係者や従業員からのフィードバックだけでなく、内部環境や外部環境も考慮に入れなければならない。

個人の行動と組織の使命の調整

　組織には、顧客が要望する機能やサービスを反映した明確な使命が必要である。しかし、明確な使命を持つだけでは個人の業務に結びつけられず、結局、使命を達成することができない。組織のメンバーが使命や戦略の内容を理解しないだけでなく、知ることもなければ、改革計画に失敗してしまう可能性がある 。つまり、明確で透明性の高いコミュニケーションがあれば、組織の使命と個人の行動を結びつけられるのである。人的資源の管理に関して言えば、組織の全レベルにおける業務分析や業務説明書が、これに当てはまる。調整プロセを注意深く監視することが必要である。

目標と測定要素 の調整

　改革計画を作成する上で、目標と測定要素の調整を軽視しがちである。監視する中で適切な測定や人事考査の段階がなければ、改革プログラムの実際の業績が成功なのか失敗なのか、判定するのは難しい。

継続的なプログラムとしての改革

　改革計画を成功させるためには、組織の管理が改革をプロジェクト ではなくプログラムとして認識する必要がある。つまり、改革には継続的な計画や分析、監視、サポート、資源のための構造が必要なのである。しか

し、多くの場合、ほとんどの組織は改革をプロジェクトだとみなし、短期の業績にしか注目していない。

組織の目標と共有価値の調整

　戦略的な目標と共有価値観の二つの要素はすべての組織に対して重要である。しかし、ほとんどの場合、両要素に対して調整は行われない。その主な原因は、この二つの要素は関連性も関連させる必要もないと多くの組織が考えていることにある。しかし改革においては、二つの要素は重要で、共有価値は仲裁の手段として特に戦略的な問題点に関する意思決定の際に役立つ。特定の状況下で、価値は業務プロセスで取るべき方向性や方法を決定する指針となる。誠実さや説明責任のようなガバナンスの問題点と組織内の共有価値の慣行には関連がある。言い換えれば、共有価値観は、組織メンバーの慣行や行動の参照コードとして役に立つものなのである。

優先事項の設定

　よくあることとして、改革計画が目標を達成するために形成された戦略に終わることが挙げられる 。組織内部の強みや外部環境の変化に基づいた戦略を選択することが最優先されるのである。通常、優先事項が形成される土台となるのはたいてい孤独感や一時的な感情、そして組織の内部的な視点である。しかし、改革計画を成功させるには、正確な分析に基づいた優先プロジェクトや決断に注目しなければならない。

　とりまとめると、本章冒頭のシナリオにある、スチュワート氏が改革プロセスを支援するために作成した個人の改革計画が失敗した主な原因は、組織として、実行する際の推進力や要素への配慮に欠けていたことにあった。現在の改革プロセスにおけるキーワードは「調整」である。すなわち、本章の冒頭で論じた推進力と要素の調整である。一つの要素 にさらに注目すれば、他の要素の効率や効果に影響が出て、結果的に組織の業績にも作用するのだ 。

まとめ

- ❖ 才能や資源、ガバナンスは組織の改革において重要な推進力である。
- ❖ 組織の業績に影響する要素は様々である。
- ❖ 組織内の要素を関連づけると明確に効果が出る。
- ❖ 改革計画は重要な要素を土台にしており、その要素が成功の鍵を握っている。
- ❖ 内部調整は組織改革のキーワードである。

第**3**章｜改革の枠組み

シナリオ

アフメド氏は最近、部長の辞令を受けた。経営陣からは、部署の改革準備を指示された。提出期限は2ヶ月後である。しかし、アフメド氏は、どう進めるべきか、どこから手をつけていいか、今もまだ悩んでいる。

すでに述べた通り、どの組織にも個性がある。つまり、改革のプロセスを立案し実行する中で組織が直面する問題点や課題は組織ごとに異なる可能性がある。

そうは言うものの、改革のプロセスを計画し実行する上で、多くに共通で重要な段階も存在する。最初の段階は組織の方向性の決定で、多くの場合、それが組織の使命や理念に反映される。次の段階は、内部と外部の変化を評価したギャップの特定だ。問題点や課題を特定したら、次に主要な結果領域（key result areas: KRA）を特定し、重要な部分に焦点が当てられているか確かめなければならない。次の段階は、戦略や業績評価指標を特定し、KRAに対して望ましい成果を得ることである。こうすれば、後に行動計画に結びつけ、望ましい目標を得られるように組織を導いてくれる。行動計画を支えるのは、三つの推進力だけでなく、業務分析や能力育成である。図3.1に示すように、これらすべての要素は一つの枠組みに融合することができる。

綱領の作成

改革計画を作る第一段階は、綱領の作成である。すでに使命が策定されている組織は、それが現在の需要や変化に一致しているのか再評価する必要がある。

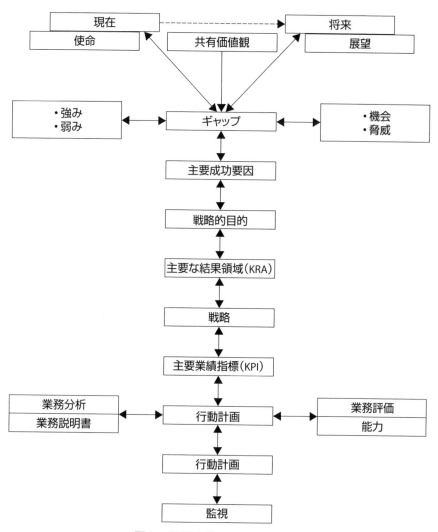

図 3.1 組織改革のフレームワーク

　一般的に綱領では、組織の存在意義や目標、活動範囲が述べられている。良い綱領には、以下の質問に対しての答えが含まれていなければならない。

- ❖　組織の目的は何か？
- ❖　組織の活動範囲は何を含むか？
- ❖　顧客や対象となるグループは何か？
- ❖　どのような製品やサービスを提供するのか？

　組織レベルで綱領を扱うならば、より具体的な情報や詳細が必要になる。なぜなら、組織の綱領を個人の業務説明書の作成に反映し、個人やチームの業績管理に利用するからである。したがって、綱領を作成する際には以下の構成要素を考慮に入れなければならない。

- ❖　提供できる製品やサービス（何をするのか）
- ❖　対象の顧客グループ（誰のためのものなのか）
- ❖　製品やサービスの強み（どんな利益があるのか）
- ❖　製造や輸送に使われる技術

　なお、使命には組織が持つ価値観や理念が反映されることがある。

- ❖　組織の経営理念
- ❖　組織のイメージ
- ❖　組織メンバーや利害関係者が共有する概念や価値観

　要するに、組織の存在意義や活動範囲、対象となる顧客、そして提供する製品やサービスについて定義しているのが綱領である。また、製品や伝達に使われる技術に関する情報や、製品やサービスの独自の利益や強みも使命には組み込まれている。さらに、綱領には、組織の経営理念のような価値や信条が含まれていることもある。

展望記述書

　組織の展望とは、将来の目標である。言い換えると、展望とは、組織の

将来の目標についての声明である。通常、展望記述書は綱領の次に作られる。将来の展望を設定する前に、まず初めに組織が自身のことや目標について知っていなければならないからだ。

　一般的に、良い展望記述書には以下の特徴がある。

❖　簡潔さ：展望記述書が簡潔で、記憶に残りやすい。
❖　現実的で達成可能である：現実性の検討がされている。
❖　期限：目標達成の期限を設定している。
❖　現在の状況：時代に合っている。
❖　焦点：将来の成功に必要な組織の業績の側面に数を限って焦点を当てている（3〜4個程度）
❖　理解しやすい：展望記述書は、すべての利害関係者が理解できるように、明確でわかりやすい言葉遣いで書かなければならない。
❖　動機付け：展望を達成するための動機付けを提示する。

共有価値観の開発

　共有価値観の開発は組織にとって非常に重要なことである。組織は、共有価値観を特定し、確立する必要がある。共有価値観は、組織のメンバーが日々の業務をこなす上で、彼らが参考にするものである。言い換えれば、共有する価値観があれば組織のメンバーに望ましい行動や実践を教えることができる。

　一般的に、人はそれぞれ個々の価値観を持っている。価値観は、家族環境や育った社会、文化を通じて形成される。しかし、個々の価値観の中には、組織において共有し難いものもある。

　図3.2に、個人と組織の間における共通価値観の重要性を示す。図において、重なった部分が大きいほど、組織内で個人に教え込まれ、受け入れられた共有価値観の割合が大きいことを意味している。

図 3.2 個人の価値と共通価値観

環境分析

　環境分析は、外部環境や内部環境の変化だけでなく、資源や組織メンバーの能力・技能を特定するために実施される。また、環境分析の結果は、利害関係者の要求や能力を評価するためにも利用される。

　環境分析には様々な方法があるが、一般的なアプローチは SWOT 分析と PESTLE 分析である。

SWOT 分析（強み・弱み分析）

　SWOT とは強み（Strengths）、弱み（Weaknesses）、機会（Opportunities）、脅威（Threats）の頭文字である。

　組織の強みを分析すれば、既存の能力を評価でき、組織の目標達成に効果的である。強み評価では、以下の側面が分析される。

- ❖　既存の強み
- ❖　維持すべき強み
- ❖　増強すべき強み

組織の弱みを分析すると、以下の側面を査定することができる。

- ❖　既存の弱み
- ❖　改善すべき弱み
- ❖　排除すべき弱み
- ❖　変えるべきこと

　また、組織は外部にある機会を同定し、評価するよう努めなければならない。これには以下の側面が含まれている。

* ❖ 現在と将来に起きる変化から生じる機会
* ❖ 競争を含む環境の変化から生じる機会
* ❖ 社会経済や文化の変化から生じる機会

　最後に、組織は目標達成を妨げ得る困難や脅威を評価することができる。これには、以下の側面が挙げられる。

* ❖ 計画に対する脅威や困難
* ❖ 競争から生じる困難
* ❖ 方針やシステム、環境に関わる困難

　SWOT 分析は図 3.3 に示すマトリックスで表すことが多い。

図 3.3 SWOT 分析マトリックス

PESTLE 分析

　PESTLE 分析は、以下の 6 つの主要要素を用いて環境を理解するために使われる。

1. 政治（Politics）

　　この要素には国内外の政治状況の変化などがある。組織に短期または長期の影響を及ぼす可能性がある。

2．経済（Economy）

この要素ではインフレ率や税務政策、外国為替相場、顧客の購買力のような経済に生じる変化を考慮する

3．社会（Social）

この要素で考慮するべき社会的側面には、国内外の健康レベルや人口、都市化プロセスやその他の社会文化的な側面に基づいた動向の変化などである

4．技術（Technology）

技術やイノベーション、内部の変化や使用する機器や技術の動向を考慮する要素である

5．法（Legal）

この要素では、組織の業績に影響を与える可能性がある特定の法の変化を考慮する

6．環境（Environment）

組織に影響を与える可能性がある環境に関する要因には、気候や自然の資源、天候などが挙げられる

PESTLE 分析は独立して行われることもあれば、SWOT 分析の補完として行われることもある。補完的に利用されるのは、特に、図3.4 に示すように、SWOT 分析の機会と脅威についての分析に関する場合である。

ギャップ分析

ギャップ分析には二つのアプローチが使われている。一つは定性的手法で、問題点を、問題点について対処、改善あるいは発生防止のために提案される行動とともに列挙する手法である。

二つ目のアプローチは、図3.5 に示す書式を用いる定量的手法である。確認された問題点をリストに列挙し、それぞれの問題点の重要度を数値で評価する手法である。

政治	経済
社会	技術
法律	環境

図 3.4 PESTLE 分析票

課題 / 項目	1	2	3	4	5
弱み / 機会					
弱み / 脅威					

スケール
1. 深刻な問題
2. 改善が必要
3. 可
4. 良い
5. とても良い

図 3.5 ギャップ分析票：定量的手法

重要な成功要因の特定

　組織はギャップ分析の結果に基づき、改革計画を成功に導く重要な要因と、実現を阻止する重要な要因を特定しなければならない。成功要因を特定するのは、どのプログラムや活動に焦点を当てて改革計画を成功させるのかについて戦略を立て、決定を下すためである。言い換えれば、重要な成功要因は、改革を成功させる必要条件に関する大まかな概要を示している。本手法は、組織が人的資源や空間資源、財源など利用可能な資源の利用を管理する際に役立つ方法である。

戦略的な目標

　ギャップ分析の次に組織は主な焦点を決めなければならない。焦点あるいは戦略的な目標が定まっていれば、組織が注目しなければならない中心的なサービスの説明が容易になる。また、戦略的な目標は使命を実行する方法のより具体的な指針になる。

　戦略的な目標の設定は、組織改革の上でとても重要である。なぜなら、戦略的な目標を設定することで、工程ではなく成果に注目しやすくなるからである。また、戦略的な目標は、組織レベルにおいて経営上の最終目標や中期目標にとっても重要である。

　戦略的な目標は、組織管理の基礎の説明にもなる。また、短期から長期に渡る目標の達成の目安にもなる。

主要な結果領域の特定

　戦略的な目標で述べられているすべてがすぐに実行されなければならない訳ではない。したがって、組織はその目標や方向性を効果的に達成するために、焦点をあて、また高い優先順位を与えられた主要な結果領域（KRA）を設定しなければならない。KRA を特定する際、考慮すべき重要な要素が存在する。すなわち、過去の業績、現在の課題、内外の変化、資源の容量である。ギャップ分析は、組織が注目すべき主要な結果領域の特定に役立つはずである。

　主要な結果領域は組織レベルで共有し調整されるべきである。そうすることによって、組織の構造がすべて共通の目標を達成するように協調できる。

戦略

　主要な結果領域が特定できれば、次に特定された主要な結果領域を達成するために適切な戦略を立てる必要がある。一般に、戦略とは、組織が目

標を達成し、組織に価値を付加することを可能にする一連の選択肢を集めたものである。

　強みや弱み、機会、脅威を特定した後、組織は実現可能な戦略の策定に着手するためのブレーンストーミングを行う場合がある。このセッションでは通常、図3.6のような表を用いる。

	強み（S）	弱み（W）
機会（O）	戦略（SO） 機会を逃さないように強みを強化する	戦略（WO） 利用できる機会を考慮し、弱みに対処する
脅威（T）	戦略（ST） 強みを用いて脅威に対応する	戦略（WT） 弱みを最小限にし、脅威を避ける

図 3.6 SWOT 分析を用いた戦略の特定

　ブレーンストーミングは、まず初めに、組織の目標の達成を決定づけるか支援する 10 個の実行可能な選択肢を挙げることから始まる。ここにおける問は、どの選択肢が実施に最も適しているかである。この選考過程が戦略なのである。なお、戦略には短期的、中期的そして長期的なものがある。

重要業績評価指標

　指標となるのはこれまでの実績である。指標となる要素は、組織の改革で重要な役割を担っている。

　そのため、戦略を正しく適切に選択するには、データによるサポートが必要である。この状況下では、重要業績評価指標（KPI）は、改革計画が実用的で現実的であるか否かを判定するための助けとなる。

　また、業務評価指標は改革計画が成功するかどうかの判定にも役立つ。同時に、個人レベルでの業務評価指標を準備する助けにもなる。

　一般的に、重要業績評価指標には 2 種類ある。一つはプロセスベースの指標である。すなわち効率を重視した指標である。二つ目は成果ベースの

指標である。具体的には、成果に基づいた業績である。組織は、その優秀性を保証するために両方の重要業績評価指標を利用する必要がある。

行動計画

改革の戦略的な計画が決まったら、次に改革の行動計画を策定する。一般に、行動計画には以下の側面がある。

1．戦略的な計画
2．目標
3．行動／業務
4．業績の指針
5．期限／継続期間
6．責任
7．達成状況
8．フィードバック

優れた行動計画は、ビジネス・プロセス・エンジニアリング（BPR）に基づいたもので、実行段階で業務プロセスや行動の質を向上させるものである。

また、行動計画をサポートするのは、業務の範囲や体制、能力や育成、その他のサポートだ。しかし、観察したところでは、この点について組織はあまり注意を払っていない。組織は戦略的な計画を発展させることをより注目する。しかし、実際に行動計画が戦略的な計画に従って実行されるという重要な段階になるまで、行動計画の策定に十分な時間や資源を投入していないのである。

成果の監視

改革計画の成果を監視するには、組織は成果を可視化するダッシュボードの枠組みを作らなければならない。そうすることによって、特定された重要な分野を体系的に監視できる。例えば、「完全に達成」（緑）、「実行中」（黄色）、「未実行」（赤）のように色分けした状況ボックスを作ることによって、それぞれの分野の達成度を図示することができる。

　図3.7に、組織の業績を監視するのによく使われるフォーマット例を示す。これにより、分野毎の成果を可視化することができる。

　本章冒頭のシナリオにある、最近部長に任命されたアフメド氏の場合、部署の改革計画を作る際に重要なことが三つある。一つ目は使命や展望、KRA、戦略、価値観、そして重要業績評価指標（KPI）を含んだ戦略的な計画を作ること。二つ目は、戦略的な計画に基づいた行動計画を作ること。そして、三つ目は、業務分析を通して業務の範囲を評価し、新しい課題を組織の全従業員に告げることである。

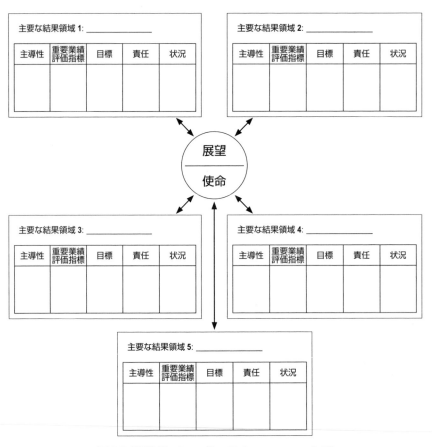

図 3.7 業績ダッシュボードのフォーマット例

出典 Viljoen & Dann（2000）

まとめ

❖　環境分析は改革計画の策定において重要な役割を担っている。

❖　綱領と展望記述書は組織が方向性を考える上での指針になる。

❖　ギャップ分析には定性的手法と定量的手法がある。

❖　主要な結果領域（KRA）を決めれば、組織は優先順位をつけて重要な分野に注目できる。

❖　業務評価指標（KPI）があれば、改革計画が成功するかどうか判定しやすくなる。

第**4**章｜組織の方針と個人の仕事のリンク

シナリオ

　組織Ｂは２年前に組織の使命と展望を定めた。しかし、従業員からは、組織Ｂの目指す方針が理解できないとの苦情が上がっている。

　組織の方針を設定した後の次のステップは、従業員全員の行動と策定された方針をリンクすることである。重要なのはラインの管理職の役割だ。彼らが従業員とともに目標や業績について話し合い、意見の一致を得ることができれば、組織の全員が戦略的な使命や展望と関連することになる。前述したように、組織的な改革プロセスに存在する重大な課題のひとつに、組織の方針と個人の業務のリンクがある。組織の方針を正確に理解して初めて、従業員は自身の役割を果たし、効果的に組織の目標達成に貢献できる。

　一般に、組織的な改革プロセスは、環境を見直すことから始まり、続いて戦略的な目標や文化だけでなく使命や展望を見直す。戦略的な変化を実施にあたっては、従業員の業務を調整する必要がある。戦略的なレベルの変化を従業員レベルに落とし込むよう徹底し、従業員に対する改革プロセスの計画と実行が必要不可欠になるのである。これにより組織がどのように戦略的目標を従業員の業務と結びつけ、どのような経過報告が上げられるのか明確なイメージが得られる。ラインの管理職が成功の鍵であり、個人の役割を明確にする必要がある。

　この関連で、組織にできるアプローチは、従業員の業務リストや業務範囲を見直すということだ。実行するには、新しい方針に沿った新たな業務説明書の作成や業務分析を行う必要がある。従業員の業務を見直し、組織の戦略的な目標の伝達に貢献する新しい要素が付与される。英国のロンド

ンにある The Educational Competencies Consortium Ltd（ECC）が競争
力に基づくアプローチを推奨しているように、組織は従業員の業務だけに
注目するのではなく、戦略的な目標を伝達するのに必要な行動も重要視し
なければならない。

業務分析

　一般に業務分析は、特定の業務に関する情報を収集する組織的なプロセ
スとして設定される。このプロセスは、従業員の義務や責任を説明するた
めに使われる。業務の必要条件や責任の特定と説明を目的としており、与
えられた業務に対する義務の相対的な重要性も評価する。加えて、業務を
行うのに必要な知識や技能を判定しやすくなり、戦略的な組織の目標に対
して重要な必要条件も含まれる場合がある。図4.1は組織と業務分析、業
務説明書の方向性を連携させたものである。

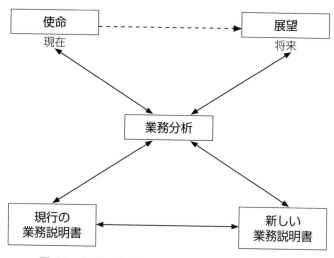

図4.1　組織の方針、業務分析、業務説明書の関係

業務分析を行うことで得られる組織の利益は以下の通りである。

1. 組織の目標が、ラインの管理職を通じて伝わり、個人の業務や職
　 務に明確に結びついている：目標達成の後押しになる。

2．従業員は組織の目標と価値を教えられ、自身の役割と組織が自分自身に期待することを理解してラインの管理職と関わりを持つ。

3．組織は、必要な従業員数と、現在ならびに将来実行する役割を知ることができる。これで組織の無駄をなくして効率を上げ、各部署の人件費を抑えることができる。

4．重要な職務遂行基準または標準の評価、設定、合意および定期的な監視は、職務要件が明確な場合にのみ可能となる。

5．人材採用プロセスは、部署が求める技能や知識があらかじめ特定され、それぞれに伝えられることによってさらに効果的になる。

6．特に重要な職位の後継者育成計画を準備するプロセスを円滑に実行できる。なぜなら業務分析の結果が育成計画の基礎となり、計画を常に最新の状態にするからである。

　図4.2に、収集、分析された情報に基づいた業務分析例を示す。これにより、個人レベルの徹底的な業務分析と業務説明書を組織が作成しやすくなる。加えて、良い業務分析は、採用プロセスや新従業員の選考に役立つ。また、従業員の選考や金銭的報酬決定の基礎になり、従業員育成の目的でも利用される。

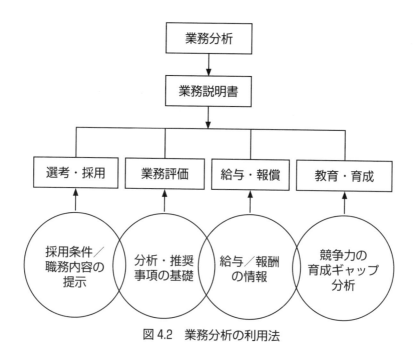

図 4.2　業務分析の利用法

データ収集の手法

　業務分析を行う際に使われる手法は複数ある。以下に例を挙げる。

インタビュー

　従業員の既存業務についてデータを収集する際に、最も正確な方法がインタビューである。熟練したインタビュアーが使うのは、従業員が組織で与えられた職位において従事する業務に関連する質問を問うテクニックである。実際の経験に基づいた義務や責任をについて答えるのであるから、収集した情報はかなり詳細なものになる。このテクニックの弱みは、従業員から得た情報が嘘や不正確な場合があるということだ。さらに非常に危険なのは、個人が行った活動に注目しても、それが必ずしも業務に必要という訳ではないということだ。これに関しは、管理者や経営者が従業員の発言を検証して、情報を補足しなければならない。

グループインタビュー

　グループインタビューが効果的になるのは、回答者の業務が非常に似ていて一般的な場合である。グループインタビューは訓練を受けた進行役が注意深く進める必要があり、その役割に義務を持つ従業員から最大 6 人程度までを選んで行われる。

観察

　観察という手法には、観察を実施する、あるいは従業員の行動を記録する分析者が必要である。実際に業務している従業員の行動を観察するのは分析者の役に立つ。観察が唯一効果的になるのは、他の方法で収集したデータと組み合わせた時だ。なぜなら限られた期間で観察できるのは、業務の限られた側面だけだからである。観察したことは分析のためにすべて書き留められ、記録される。一般に、このような方法は、精神活動よりも身体活動に依存する業務に適用される。業務が非常に概念的な場合にもこのテクニックが役に立つ。この場合、単に話し合いをするよりも観察する方がよく理解できるからだ。

アンケート

　よく練られたアンケートを取れば、業務に関してより広い視点からの情報を得られる。また、インタビューと併せれば非常に効果的である。情報の正確性を確認するために、質問票は従業員から管理職に至る幅広い従業員を対象に配布される。設問は、業務のすべての側面を取り上げ、特に、決断や要求される水準、信頼性、コミュニケーション、そして身体的・精神的な必要条件などの義務や責任に関する重要な側面に注目するよう作らなければならない。アンケート法は、一見、単純で費用がかからないように見えるので業務分析でよく使われるが、質の高い情報を集めるには、膨大な時間と集中作業が必要である。情報を得るには、まず記入済みの質問票をとりまとめ、データが正しく記入されているか点検をする。質問票が長大な場合には従業員が記入するのに時間がかかってしまうなど、実施にあたっては非常に慎重に対応しなければならない。

専門家によるワークショップ

専門家とは、特定の業務のプロセスについて個人や業務に必要な技能や知識について詳しい専門的な情報を持っている人物である。組織外から専門家を招く場合、その専門家の持つ情報が当該組織に適用できるのか確かめる必要がある。専門家が内部の者である場合、一貫性テストを行って固定概念や偏見がないか確かめる必要がある。

すでに述べたことに加えて、業務分析に使われる他の手法には、技術会議や従業員の記録、中間目標点および組織に対する思いなどがある。図4.3に、業務分析を行う際の情報収集のテクニックを示す。

どの手法にも強みと弱みがある。そのため、組織は一つの手法だけを用いてはならない。一番良いのは情報源を多角化させる手法で、それによって組織は正確で公正、総合的な分析を行える。

それでもなお、手法の選択する際、費用や時間、正確さ、適合性が組織に合っているのか検討する必要はある。

図4.3　情報収集の手法

参考に、表4.1に業務分析の一般的な手順を示す。

　ここで重要なのは、組織の新しい方針を理解することと、職位や従業員がどのように組織の目標達成に役に立つのかということである。業務が従来の範囲に縛られるのを防ぐための見直しにも当然の配慮がなければ、従業員が保守的なサイクルに捕らわれることになる。

　業務分析の目的は、戦略的な目標達成という観点からすると、職務の役割や目的がどのようになっているかを理解することにある。総合的な業務分析を行うためには、職務の背景や名称、階級、部署、場所などの基本的な情報が必要である。その他の情報としては、組織の中での立ち位置や、従業員が効率的かつ効果的な方法で義務を遂行するのに必要な知識や技能が挙げられる。以下の業務分析のフォーマットは業務分析や情報収集のために利用できる。

表 4.1　業務分析のステップとアクション

番号	ステップ	アクション
1	業務基本情報の収集	・資料を評価し見直し、業務の概要や組織の主要な機能と戦略的な方向性の関係性を把握する。 ・情報収集プロセスで利用するリストや概要を準備する。 ・不明瞭な分野を書き出し、情報収集プロセスで明らかにする準備をする。
2	データ収集のための手段や用具	・データ収集に必要な手段や用具をリストにする。 ・必要であれば事前に予備面談を実施する。 ・インタビューを行い、職務や業務の詳細な情報を得るために管理者を選択する。
3	インタビューなどによる情報収集	・情報収取のために適切な面談時刻を決める。インタビューの時間は、1回につき最長2時間にする。質問票への記入回答法を併用する場合は、インタビューの時間は短くてよい。 ・可能であれば、データ収集のための情報源を多様にする。
4	最終分析を実施する前の、収集した情報の正確度確認	・集めた情報が正確であることを確かめ、業務プロセスの担当者や管理者、専門家に提供する。

　組織が行う業務分析は、目標を達成するために、個人レベルの従業員に対する新たな業務説明書（下の例を参照）を作成にも利用できる。組織の戦略に従って業務説明書を更新するのは、従業員が組織の目標を達成するために適切に業務を実行しているか確かめるだけでなく、後継者育成計画や新従業員を選考し採用するためでもある。

業務分析書式（例）

名前：_____　　部署：_____

職位：_____　　名称：_____

経験(年数)：_____　　Ｅメール：_____

電話：_____

1. 義務範囲の要約
自身の立場の役割と目的を簡潔に記述してください。

_____

_____

_____

_____

2. 組織での立場
自身の組織内の立場を図で表してください。

3. 主な業務

自身の業務を書き出し、それぞれに必要なおおよその時間を記入してください。

業務	所要時間（%）

4. 知識と技能

上で挙げたタスクを行うにはどのような知識が必要ですか？学術的・専門的な必要条件を詳細に記述してください。

_____

_____

_____

_____

どのような技能が必要ですか？

_____

_____

_____

_____

どのような経験が必要ですか？

_____

_____

_____

_____

5. コミュニケーション

日々の職務で典型的に生じるコミュニケーション例を挙げてください。

組織内

_____

_____

_____

_____

役所

_____

_____

_____

_____

その他外部機関（民間企業、NGO、公共機関など）

_____

_____

_____

_____

6. 問題解決

職務を果たす中で、直面した問題点やよく見られる出来事をいくつか書き出してください。その問題に対する可能な解決法は何でしたか？

問題点	解決策

7. 意思決定

職務を果たす中で、あなたはどのような意思決定をしますか？

_____

_____

_____

_____

8. 自主性

業務において、あなたはどのような自主性を持っていますか？（上司に任せず自分自身で決断していることなど）

_____

_____

_____

_____

9. 資源管理

設備や他の資源の費用管理において、どのような役割を担っていますか？設備を管理する上で必要な技能や知識な何ですか？

_____
_____
_____
_____

10. あなたの立場では、従業員の管理を行っていますか？行っている場合何名があなたの管理下にありますか？

_____
_____
_____
_____

11. 追加情報

あなたの立場について、追加情報があれば記述してください。

_____
_____
_____
_____

署名：　　　　　　　　　　　　署名：

（本人）_____　　（所属長）_____

日付：_____　　　日付：_____

業務説明表の例

業務名	デザイナー
部署	出版
報告先	デザイン制作部部長
職務リスト	1. 印刷出版物と電子出版物のグラフィックデザインの制作 • 本カバーのデザイン • 本レイアウトのデザイン • 受理した原稿の、標準に従った印刷出版物と電子出版物の編集 2. マルチメディア素材の準備 • それぞれの部門の全活動に関する写真やビデオの制作 • マルチメディア用の出版に向けた素材の準備、創造的な貢献 3. 販売促進用や広告用のグラフィック素材の制作 • 販促やマーケティング活動に向けたグラフィック素材の製作。 • 展示や本の出版用グラフィック、デザイン。創造的なアイデアの提供。 • 経営陣や他の公的活動用にグラフィック素材の提供。 • 電子出版用の素材準備の補助。 4. 部署における管理、人材育成 • 部署の取り組みへの参加。 • 講義、ワークショップ、説明会などの育成プログラムへの出席。 • 部署長の指示によるその他の職務の遂行。
KPI	1. 質や量、時間単位の規定の水準に従った出版部数 2. 電子出版部数 3. デジタル化した既刊書の出版数 4. 出版テクノロジーに関する講座数
最終更新日	2016 年 8 月 9 日

業務範囲の要約

1. 印刷出版物と電子出版物用のグラフィックデザインの提供

2. マルチメディア用素材の準備

3. 促進と広告用のグラフィック素材の制作

4. 問題のあるイラストやイメージの編集

必要な資格と経験

1. 才能や高い創造性を有していること。

   最低 5 年間のデザインか芸術分野での経験と技量があること。また、英語での会話や読み書きが堪能であること。

   高等教育（大学）の在学証明書か、政府公認の視覚芸術の合格書と同等の資格を所持していること。

   創造的芸術や内装建築、芸術、デザイン卒業証書。ただし政府公認で、国内の高等教育機関か同等の機関から発行されたもの。

   特別試験：採用される前に、候補者はデザインや芸術分野における資質や才能、能力、創造力の適合性があるか判定するための特別試験を受け、合格しなければならない。

2. デザインの制作、計画、考案の能力があること。

3. デザインや特定の分野に関して高度な知識を有していること。

4. 描画や解釈、色やフォント、レイアウトの選択の技能があること。

5. Adobe Illustrator や Adobe Photoshop、Flash やその他マルチメディア用のアプリケーションといったグラフィックソフトウェアを操作できること。

6. デザインか芸術分野での経験や能力を示すことができること。

7. 顧客とのコミュニケーション術に長けていること。

　業務に関する重要な情報が利用可能であれば、組織は従業員の業務範囲を再設定することができる。こうすれば、業務範囲の調整は、組織の方向性の戦略的な変化に沿うものになる。二つの重要な手法、すなわち業務分析と業務説明書の策定によって、組織は使命と個人の業務を結びつけることができる。また、従業員は義務範囲を見直しによって、間接的に、自分自身の組織の方向性を理解できる。

　本章の冒頭のシナリオについは、組織Ｂは従業員の業務説明書すべて
を見直す必要がある。そして見直しの作業には業務分析の手法を利用する
ことができる。新たな業務説明書が策定されれば、全従業員はそれぞれの
業務が組織の目標達成に役立つことを理解できるようになる。

まとめ

❖　組織の方針と個人業務の内部調整は非常に重要である。

❖　業務分析は、業務説明書の作成の第一段階である。

❖　業務分析の目的は、組織的な目標と個人の業務をリンクすることに
　　ある。

❖　業務分析のための情報収集の手法には様々なものがある。

❖　業務説明書は組織的な目標を達成するための個人の役割を明確にす
　　る。

第5章｜業務評価と組織の再編

シナリオ

　ジョン氏は部長の辞令を受けた。彼の所属する部署の上級管理職は、ジョン氏に、所属従業員数の見直しを含めた部の再編計画を提出するように指示した。しかしジョン氏には上司が求める部の再編計画を準備、起案するために何をする必要があるのか良く分かっていない。

　組織改革の基になるものは、その組織の目指す方向性と戦略の変更である。しかし、明確な方向性を策定するだけでは、組織改革計画の成功が約束されるものではない。すなわち、組織改革の工程とは、単に戦略を特定することだけを意味するのではなく、部署やユニットにおける継続的な行動を伴わなければならない。策定された改革戦略を行動計画に反映する作業が組織改革でもっとも重要な要素である。

　この時に必要になる組織によるフォローアップは、現行の組織体制の再評価である。ここで重要な問題は、今の体制が当該組織の改革目標を達成するために十分なものであるか否かと言うことである。

組織の再編

　一般に、組織の体制とは、報告、説明責任ならびに管理についてそれぞれの担当部署間の関係を表すものと言うことができる。組織の体制は、その組織の目指す方向性を訴求するために、個々の従業員そしてグループの職務の効果的な連携を確実に行うためのコミュニケーションや結びつきの枠組みを提供する。場合によっては、組織体制や組織内外のチームの間をまたいで業務を遂行するために、追加的なコミュニケーションや連携の手段が必要になるかも知れない。

　組織再編の主要な活動には、職務、組織の構成要素、責任範囲ならびに実施された活動などの分離作業が含まれている。再編の目的は、その組織の方向性と戦略に沿って新しい体制に対応できるように、また新体制に合わせて変化できるように、既存の仕事の再調整ならびに新しい仕事の調整を行うことである。

　再編の基本は、組織が改革プロセスを支援するために持続可能な体制を持つことの保証である。ある一つの体制が、すべての状況においてすべての組織にたいして最善であることはない。新しい体制の選択は、組織内の個々の従業員やグループ間の業務の制度設計ならびに能率化に対する経営陣の判断に依存するが、ここで業務にあたる個々人の関与にラインの管理者が重要な役割を果たす。これは、組織の改革には、往々にして職務の創設と廃止が伴うからである。同時に、新たに直面する課題に応じた特定の職位の昇級や、新しい業務に伴う活動度や難度の増大が伴う場合もある。

業務評価

　業務評価は、組織改革の重要な側面の一つである。一般に、ある業務に対する業務評価とは、組織がその組織内における他の業務との比較によって与える相対的な価値評価である。

　業務評価は、その組織における業務構造の特定し、業務の公平性と相対的な位置の決定、ならびにそれぞれの業務の持つ価値の階層構造の決定に資するものである。なお、業務の価値の階層構造は、その組織の目指す方向性に合致した給与体系を定める際に使われるものである。

　業務評価が成功するためには、評価者が業務評価に際して、その業務を遂行した個人に関わる要素、あるいは個人の能力に焦点を当てるのではなく、その業務自体に求められる要素に着目することが必要である。

　業務評価には大きく分けて二つタイプがある。すなわち、分析評価と非分析的評価である。大半の評価体系では、定量的判断と定性的判断の両方が採用されている。

分析的評価手法

　一般に、分析的手法には頻繁に採用される二つの手法がある。すなわち、要素比較法と重み付け法の二つである。

　1．要素比較法
　　本手法は、一連の要素を用いて当該組織内の諸業務の評価を行うものである。すなわち、ある特定の業務を基準として選定して他の業務を評価し、 全体の業務階層構造を決定する手法である。

　2．重み付け法
　　本手法は、一般に、特別な訓練を受けた業務評価パネルによって実施される。この手法では、まず諸業務は要因と副要因に分けられる。そして、それぞれの業務は分類された要因、副要因毎にポイント（重み）がつけられる。それぞれの要因の分析終了後、ポイントを集計し、その総合点に基づいてその業務の組織における位置が決定される。

非分析的手法

　非分析的手法としては、一般に二つの方法が使われる。すなわち、分類と等級付けである。

　1．分類法
　　本手法は、適用が容易であり、業務分析の担当者が理解しやすい方法なので、主に規模の大きな組織に適用されることが多い。この手法では、業務はまずいくつかのカテゴリに分類される。それぞれのカテゴリには、業務のタイプや役割の一般的な解説が与えられる。

　　業務分析の準備として本手法を用いる場合、業務をそれぞれのカテゴリに分類できるように、作業と仕様の統合に評価の焦点が当てられる。しかし、この手法は、業務の役割分担が複雑な場合や、それぞれの業務の役割が大きく異なっており単純にカテゴリに分類できないような場合には効果的ではない。また、分類法は主観に左右されやすく、組織バイアスや職業バイアスに引きずられるリスクがある。

2．順位法

　本手法は利用および理解が最も簡単な方法である。この手法では、各業務は重要度に応じて並べられる（順位付け）。しかし、この手法の欠点は、本法が極めて主観的な方法であり、また多数の職位と従業員数を有する組織には適用が困難であることなどである。

役割分析法

　以上に述べた手法に加えて、極めて効果的に適用できる分析的手法が役割分析法である。役割分析には業務分析と似た方法が使われるが、作業を列記するのではなく、本手法では焦点が知識、技術、努力および姿勢に基づく業務の要件に置かれる。業務の要件は、場合によっては、インプット（知識、技術および競争力）と望ましい成果（主要な結果領域、KRA）として特定することができる。

　この手法を効果的に採用している一流の組織は、英国、ロンドンに拠点を持つ The Educational Competencies Consortium Ltd.（ECC）である。この組織は英国の諸大学によって設立されたもので、その主なサービスは、125 の大学が、それぞれが収集したデータに基づいて役割分析し、報酬と人事管理を主導できるようコンサルティング支援を提供することである。ECC は高等教育役割分析（Higher Educational Role Analysis、HERA）と呼ばれる役割分析体系を開発している。HERA では、適切な訓練を受けた役割分析の専門家が用いる約 50 の項目からなる質問票が用いられる。表5.1 に示すように、これらの 50 項目の質問事項は 14 の要素に分類されており、これらの質問事項の分析結果を根拠として役割分析が実施される。

表 5.1　HERA の競争力要素

要素	内容	%
コミュニケーション	書面、電子／視覚媒体および口頭による正式または略式コミュニケーション。明瞭で正確なもっとも適切な書式による、複雑または詳細な記述による基本事実の基づく情報の伝達を含む。	8
チームワークと意欲	内外のチームとの作業における協調性およびリーダーシップ。チームへの積極的な貢献、他のメンバの関心喚起、リーダシップの発揮と方向性の提示を含む。	7
連絡、人脈	組織内外とのコミュニケーション力と人脈形成力。他のチームメンバへの情報の迅速くな伝達、情報の交換および共有、ならびに対外的な評価の獲得を含む。	6.5
サービスの提供	高い水準のサービスの提供、ならびに大学の生徒、来訪者、従業員および顧客の補助。助言や情報依頼への対応、所属機関のサービスの積極的な対外発信、ならびに提供するサービス全体の品質確保を含む。	7
意思決定プロセスと結果	決定結果の機関内外への影響力。個人あるいはチームへの影響力、大学への影響力、ならびに大学内外への長期的な影響力。	7
企画・構成力	構成力、優先順位の設定、時間資源や人・モノ・金資源の配分企画。自身および他者の業務管理、宿題やプロジェクトを含む日常職務の立案、実行計画の遂行ならびに次年度の計画。	7
主導性・問題解決	業務上発生する問題の特定および解決オプションの構築。解決オプション選定における主導性、当面の解決策が明らかでない場合の対処、複合問題の取り扱いならびに重大な影響が残り得る問題の予測を含む。	8
分析と調査	問題の調査、ならびにデータ分析と調査。データ収集の手法と標準法、適切な研究方法の特定と計画、異なるソースからのデータの収集と分析、研究のための新しい手法はモデルの構築、ならびに研究背景の確立を含む。	7
知覚と身体的条件	業務遂行に必要な役割の知覚および身体的条件。要素として、身体的努力、協調動作および器用さ、技術スキルおよび聴覚情報、ならびに精密さが求められる場合の器用さを含む。	5
作業環境	個人への作業環境の影響および安定した環境の維持・制御能力。温度、騒音、作業場所ならびに開放的な作業環境を含む。	6.5
精神衛生と福利	生徒および機関の従業員の公的および私的な福利ならびに幸福度。必要とされる支援サービスの認識、援助の助言および指導、ならびに固有の問題に対するカウンセリングおよび支援を含む。	6

（次頁に続く）

要素	内容	%
チームの醸成	チームメンバの技術および知識育成。新規メンバの採用、管下メンバの指導と評価、ならびに業務に関する同僚および上司への助力および助言を含む。	7
教育、学習支援	作業チームに所属しない学生および他者の技術および知識の育成。特定のサービスまたは特定の分野での作業における学生および他者への操作指導、訓練の実施ならびに生徒の教育および支援を含む。	9.5
知識・経験	作業実施に必要な、技術的、専門的あるいは熟練者としての知識。日常業務を遂行するに十分な経験、他者の規範となるに十分な経験と必要条件、ならびに特定分野やカテゴリにおける専門的リーダとして必要な条件を含む。	8

出典：http://www.hr.admin.cam.ac.uk（2014年6月27日にアクセス）

　表5.1に示された14の要素は競争力アプローチに基づいて設定された要素であり、英国の高等教育における階層的、相対的な重要性に関する包括的な研究成果に基づき、それぞれの要素の価値を反映する重み係数が与えられている。

　情報の一貫性および正確性を保証するために、訓練を受けた役割分析の専門家は、特別に設計された50項目の質問票への回答を収集、分析し、それぞれの項目にポイントを配分することによって特定の職位の業務を評価する。この時、分析専門家が一貫性のある、対象機関に適した分析評価ならびに判断を下すことができるように、地域性に合わせて準備された指針が適用される。

　このチェックが終了すれば、HERAソフトウェアがスコアを計算する。このスコアにより役割の全体規模が決定され、順位付け体系との比較が可能な順位が示される。また、HERAソフトウェアはスコアプロファイル（要素毎のスコア分布）も示すことができる。この情報に基づけば、その組織に存在する、対象業務と同様、類似、あるいは異なる役割分担と比較することで一貫性のチェックが可能である。

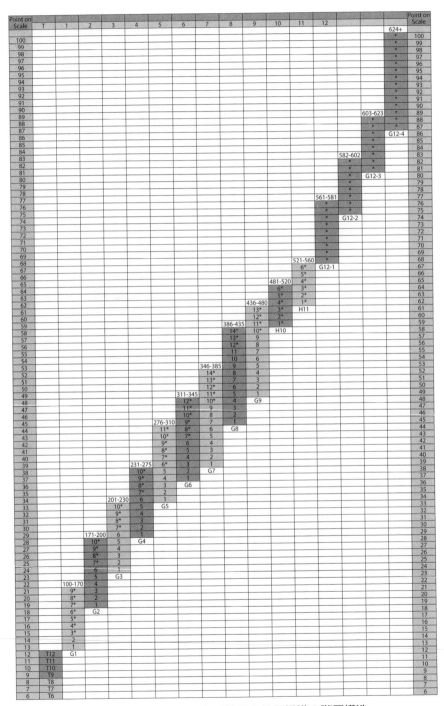

図5.1　HERA システムで使用される組織の階層構造

出典：http://www.hr.admin.cam.ac.uk（2014 年 7 月 26 日にアクセス）

　図5.1はHERAアプローチによって得られる組織の階層構造の一例である。この例では、最下層はスコア集計値100-170ポイントのグレード1（G1）の順位が、最上層はスコア集計値624ポイント以上のグレード12（G12-4）の順位が与えられている。

業務評価結果の適用または検討手順の指針

　業務評価結果の適用あるいは検討手順の指針として、いくつかの事項を利用することができる。これらは、業務評価作業のスムースな遂行のために十分に考慮する必要がある。

特別委員会の設置

　体系的かつ効果的な評価作業の遂行を保証するために、組織は、評価作業のための特別委員会と設けなければならない。このチームは評価結果の適用計画あるいは検討計画を立案し策定する責任を負う。また、この委員会は、評価作業にどの手法とアプローチを採用するかを決定する責任も持つ。業務評価プロセスに関わる問題や従業員からのフィードバックも、このチームが調整しなくてはならない。

組織の方針に対する特別委員会メンバーの理解

　特別委員会の立ち上げにあたっては、組織の方針を理解するメンバーを選ばなくてはならない。これは、特別委員会の主な責務の一つが、組織の戦略的目標を達成するために必要な特定の業務を決定することだからである。様々な業務の組織における相対的な価値を比較することによって、総合的な業務体制を確立することが可能である。しかし、メンバーが組織の方向性に無知、無理解であれば、特別委員会は期待される責務を果たすことができず、したがって業務体制の確立も不可能になる。

業務評価を遂行するスキル

　業務評価は、その性格上、かなり技術的な手法である。誰でも業務評価が遂行できるわけではない。業務評価には特定のスキルが求められる。効果的に遂行するためには、メンバーはその組織が採用する手法に必要な能力を身につけていなくてはならない。これは、チームメンバーを体系的で

継続的な訓練に参加させることで実現可能である。技術的スキル以外に、業務評価者は以下の能力を身につけていることを示さなければならない。

1．対人関係力

相手を安心させる力、彼らの疑問や不安に答える力、論争や敵意を処理する力、ならびに影響録や交渉力が必要である。

2．面談力

予め設定された基準に則とり、データおよび情報を得る質問力、相手の話を聞く力、面談内容を反芻し取りまとめる力、常にメモをとる習慣、そしてチームメンバーに色褪せない情報を提供する力が必要である。

3．コミュニケーション力

相手に口頭ならびに書面で明確な説明を提供できる力、判断を一時停止する力、証拠ではなく仮定に基づいた判断を避ける力、ならびに一時的な中断を正当化できる力が必要である。

評価者と部署の仲介

業務評価の実施にあたっての重要な課題は、同じ組織内の評価者間あるいは部署間に、必ず評価の調整があるようにすることである。これは、関連する評価者ならびに部署から、適切かつ効果的にフィードバックを受け取る仕組みを作ることで可能となる。また、仲介は一元的な監理を受ける一連の業務評価基準を設定することによっても可能である。

すべての従業員がアクセス可能なホットラインの設置

業務評価の目的は、実際に仕事をする個人ではなく、その業務の価値を決めることである。したがって、経営陣は評価が始まる前にこの目的が従業員に確実に伝わっているようにしなければならない。業務評価は、従業員と関連させることなく管理手段として利用することもできる。このとは、評価に関するコミュニケーションが極度の少ないことを意味する。

　業務に関する正確な情報を収集するためには、すべての従業員の協力が不可欠である。業務評価に関するすべての情報や詳細の被雇用者への公開は慎重な配慮が必要である。しかし、以下の情報は従業員にも伝えられなくてはならない。

1.　　業務評価の実施
2.　　実施する評価もねらいと目的
3.　　評価の方法と時間スケジュール
4.　　評価の原理
5.　　評価結果の従業員への開示

パイロットプロジェクトの選択

　組織における一つ以上の戦略的なポジションを評価の対象として選択する。パイロットプロジェクトを実施することで、組織は大規模な評価を実施する前に、対象からのフィードバックを検討することが可能である。

経営陣への報告

　フィードバックを回収し、評価票を再検討した後、経営陣へ報告をしなければならない。その目的は、業務評価を実施することの承認を得るだけではなく、プロジェクトに対する経営陣の認識と付託について実情を知ることである。

監視と継続的な改善

　事業評価終了後、組織の目標と合致していることを確実にするために、書式が妥当なものであることを常々監視し、継続的な改善を実施しなくてはならない。

　とりまとめると、本章の冒頭のシナリオにある John 氏は、改革の目標と工程を理解させるために従業員を参画させることによって、効果的な部の再編を保証することができる。これは、職務の再編成と順位付けを目的とする組織の発展に関する有用な情報を得ることのできる業務評価演習を実施することで可能である。

まとめ

- ❖ 組織の再編とは、組織を円滑化するための配置プログラムあるいは活動である。
- ❖ 業務評価手法の一つに役割分析がある。
- ❖ 一貫性があり、かつ徹底した分析は、健全な体制の構築を支える。
- ❖ HERA は、ECC（http://www.ecc.ac.uk）が利用している有効な役割分析体系の一例である。
- ❖ 継続的な監視と改善が実施されなければならない。

第**6**章｜競争力の育成

シナリオ

　スミス氏は、所属する組織の人材育成を担当する部署長である。彼は、能力開発計画の策定、ならびに彼の部署が企画してきた競争力育成プログラムが成果に乏しいと言う問題を検討するように指示を受けた。しかし、スミス氏は競争力の本当の意味や種類、ギャップ分析の手法について良く理解していない。

　人材、中でも競争力を持つ人材が組織の最も重要な資産であることは良く知られている。したがって、規模の大小に関わらず組織はその使命を果たすために、個々人の潜在能力が最適に発揮され、また役立つことができるように、体系的かつ慎重に人材を育成しなければならない。

　組織の発展管理における重要な課題の一つは、戦略的な育成計画の必要性である。適切な戦略的な育成計画があれば、管理システムや手順の改革、修正、作り直し、そして再設計において、これらを支える既存の人材が競争力を持つ基本的な推進力として維持されることが保証される。また、品質、生産性、革新性、完璧性、説明責任、規律性、専門性、および正しいガバナンスなどのサービスに対する高い価値観の啓発にも同じことが言える。

競争力育成のアプローチ

　組織における競争力育成を議論する場合、用語として、訓練、教育および育成の三つが使われることが多い。訓練とは、通常、現在の業務における技術を向上させるもの、教育は将来に向けた新しい知識の習得、そして育成は組織レベルでの作業であり、一般的に、それぞれ一定の時間をかけて行われる。

　端的に言えば、教育とは特定の学歴や資格を得るための公式な勉学に関わるものである。訓練とは、今すぐに役立つ技術の短期課程による習得と同義であり、育成とは、技術と能力を時間をかけて向上させる過程を意味する。

　これら三つの用語の定義は異なっているが、組織はその育成管理を実施する際にこれらを別々のものとして扱ってはならない。用語の違いは、それぞれの対象やインパクトを理論的に説明するためのものである。しかし、現実には、訓練、教育および育成はお互いに関係しあっており、お互いに補完的なものである。一般に、訓練の目標は以下の通りである。

1．　資格を持ち、有能で競争力のある従業員の育成
2．　高い品質の仕事の創出
3．　競争力と生産性の改善
4．　道徳的価値観と前向きな姿勢の醸成
5．　組織における創造性と付加価値の確立
6．　キャリヤアップの目指すべき方向性の明確化

競争力の種類

　組織改革モデルの章で述べた通り、組織が取り組み、実現しなければならないことは、それぞれのレベルの従業員が彼らの責務と責任を効率的かつ効果的に果たすことができるように、必要な知識、技術および姿勢を確実な習得することである。

　したがって、一旦、必要な体制と人材が特定されれば、次の段階は組織内の従業員の競争力を把握し、育成することである。

　一般に、組織が特定すべき競争力には三つの種類がある。第一は特定の競争力である。特定の競争力とは、個々人がそれぞれの職務を機能的に果たすために必要な知識と技術を指す。例えば、医療関係者はその責務を果たすために医療分野における特定の知識と技術を保有していなければならない。

　第二の競争力は、一般的な競争力である。一般的競争力は、すべてのレベルでサービスに携わる従業員が習得しなければならない知識、技術および姿勢を指す。これは、コミュニケーション力、リーダーシップ力、計画力、その他をカバーするものである。

　第三の競争力は、核心的な競争力、すなわち、改革計画の実施に関する概念的事案の把握力や組織の目指す方向性に関わる戦略的課題を特定する能力である。端的に言えば、核心的競争力とは、使命を実践に導くことのできる能力である。

必要とされる競争力の特定

　競争力の育成は、その組織の従業員に必要な競争力を特定する作業から始まる。一般に、必要とされる競争力には三つのレベルがある（図6.1）。

図6.1　必要な競争力

　最小単位、すなわち個々人の職務レベルにおける典型的な競争力とは、必然的に、その従業員がすべての段階において職責を効率的に果たすことができる機能的あるいは特定の能力である。

　部署レベルにおける競争力とは、典型的には、コミュニケーション力、対人関係力ならびに管理力などのより一般的な競争力である。これらの能力は、組織の改革計画を効率的に実現するために、部署レベルに必要な方向性やなすべきことを特定するのに適切な能力である。

　この二種類の競争力は、改革計画を支援することのできる、個人レベルならびに部署レベルでの能力である。組織レベルの競争力とは、主に核心的競争力に関わるものである。核心的競争力は、組織全体の能力、すなわちその戦略的目標を確実に達成するために必要な知識と姿勢を反映する。

　組織は、必要な競争力を特定し育成するために、それぞれ様々なアプローチをとる。しかし、ここで留意されなければならないのは、必要とされる競争力が特定されるに連れて、それらの特定された競争力の育成と監理に必要な業務がますます複雑化することである。このことへの対応策の一つは、部署またユニット毎にそれぞれに固有の競争力を特定させ、育成計画を策定させることである。

　これは、特定の競争力が本質的により個々人に関わるものであり、それぞれの職務あるいは部署に固有のものだからである。一方、組織は、一般的かつ核心的競争力の特定と育成に焦点をあてなければならない。そうすることによって、組織としては、その戦略的目標の達成に直接的に関連する戦略的競争力の管理と育成に集中することがきるようになる。

　表6.1に、研究事例に基づき、諸組織が用いる一般的競争力と核心的競争力の例とその使用頻度を示す。

表6.1　競争力の例と使用頻度

番号	競争力項目	内　容	％
1	チームへの順応力	チーム一員としての行動能力	86
2	コミュニケーション力	口頭または文章による明確かつ説得性のあるコミュニケーション能力	73
3	人材管理力	人材育成、管理能力。信頼および協力獲得能力	67
4	顧客対応力	組織内外の顧客のニーズや期待の応える能力	65

（次頁に続く）

番号	競争力項目	内　容	％
5	組織効率への寄与力	1. 人的資源問題の特定、分析能力 2. 組織が必要とする競争力と意欲を備えた人的資源の確保能力 3. 組織の方針に則った適切な労働力確保能力	59
6	問題解決力	状況判断・診断能力、基本問題特定能力、代替行動計画提案能力、現実的・許容可能解決策提案能力	57
7	効果的なサービス提供力	1. 予想能力と適切なサービス取り扱い能力 2. 人的資源管理における効率的かつ対費用効果の高いサービス提供能力 3. 人的資源サービスのデマンドへの迅速かつ効率的な対応能力および助言・支援提供能力 4. 改革実施時において人的資源に関する意思決定部署長に対する督励能力および権限移譲能力	51
8	組織内コンサル力	1. ユニットまたは部署レベルにおける人材関連問題の特定能力および分析能力。現実的な問題解決策提案能力 2. 顧客ニーズ対応における推進能力、促進能力および参考情報提供能力 3. 問題発生時の専門的解決アプローチ能力 4. 知識継承能力	49
9	リーダーシップ力	チームおよび利害関係者が最善の結果を達成できるよう鼓舞する能力、チーム全体ならびにメンバー間の効果的な対人関係を維持する能力	43

（次頁に続く）

番号	競争力項目	内　容	％
10	新規チャンスの特定力、探査力	継続的に新規チャンスを探査し、特定する能力。組織のニーズと優先順の理解力。組織効率向上に資する手段の調査能力	37
11	意思決定力	徹底的な分析に基づいた問題および課題の効果的な対する正しい意思決定能力	37
12	環境変化の感知力	1．環境の変化、変化した環境による新たな課題、ならびに組織の方針、行動計画への影響の理解能力 2．適切な戦略により業績向上を図る能力 3．主要な活動、過程ならびに組織戦略における担当能力 4．人材方針およびその実施が組織の業績に与える影響を理解する能力	33
13	継続的な専門能力開発力	1．継続的に専門知識やスキルを習得する意欲 2．人材育成における概念、要素および実践実績と新しい手法を齟齬なく統合する能力	33
14	個性と自己認識力	提案した行動に他者を合意または実行させる能力	33
15	対人関係力	多様なレベルの他者と開放的で建設的な対人関係を築きかつ維持する能力	29
16	戦略的能力	1．戦略策定への参画能力、寄与力 2．明確な展望および総合的な価値観確立への貢献能力 3．戦略的目標に合致した人材戦略の策定および実践能力 4．実施段階において、組織の目指す方向性実現を支援するために経営陣との密接な連携を図る能力 5．人的資産数値化の重要性の理解能力	29

（次頁に続く）

番号	競争力項目	内　容	%
17	創造力	新しいアイディア、概念、活動の創出能力	26
18	情報管理力	効果的な情報管理および活用能力	26
19	品質への集中力	品質管理および継続的な品質管理を図る能力	24

出典：Armstrong（2011）

競争力ギャップ

　求められる競争力が特定されれば、次のステップとして競争力のギャップ分析を実施する。この手法は、競争力育成のために設計、実施されるべき調整プログラムを与えることができる。

　ギャップを特定するための情報収集にはいくつかの方法がある。

1．組織レベルでの情報収集
　ａ．組織の目指す方向、戦略的目標、年次報告書および成果報告書などの公式文書の準備
　ｂ．組織の目指す方向性に関する経営陣トップとの面談
　ｃ．アンケートの集計

2．部署レベルでの情報収集
　ａ．業務分析、業務内容などの公式文書の準備
　ｂ．管理職および関連従業員との面談
　ｃ．アンケートの集計

3．個人レベルでの情報収集
　ａ．年次成績票などの文書の準備
　ｂ．管理職および関連従業員との面談
　ｃ．アンケートの集計

表6.2 にギャップ分析表の一例を示す。

表 6.2 ギャップ分析表の例

番号	特性	目標値	保有値	ギャップ
1	ガバナンス力	4.56	3.89	0.67
2	リーダーシップ力	4.61	3.97	0.64
3	リスク管理力	4.47	3.89	0.58
4	対人関係力	4.44	3.89	0.56
5	新規チャンス創出力	4.31	3.78	0.53
6	戦略管理力	4.64	4.14	0.50
7	意思決定力	4.69	4.19	0.50
8	問題解決力	4.53	4.06	0.47
9	財務管理力	4.47	4.06	0.42
10	カウンセリング力	4.67	4.28	0.39
11	人材計画力	4.50	4.11	0.39
12	スケジュール管理力	4.44	4.11	0.33
13	コミュニケーション力	4.50	4.19	0.31
14	チームワーク力	4.61	4.31	0.30
15	他者の話を聞く力	4.44	4.19	0.25
16	実行力	4.50	4.25	0.25
17	プロジェクト管理力	4.72	4.56	0.16
18	完璧性	4.72	4.56	0.16
19	コンサルティング力	4.56	4.42	0.14
20	調停力	4.47	4.39	0.08

ギャップ分析で得られた結果に基づき、その組織の経営陣、とりわけ競争力育成の担当部署は、組織レベル、部署レベルあるいは個人レベルにおいて実施される必要のある育成対策のタイプを特定することができる。特定された育成対策は、その内容を記述することで実施が可能となる。代表的な育成プログラムの記述項目は以下の通りである。

1. 育成プログラムの目的
2. 対象グループ
3. 育成方法
4. 促進者
5. 条件または必要事項
6. 効果的な監視方法

　育成管理における課題の一つは、体系的かつ総合的な育成システムの構築である。この点に関し、当該組織は、すでに様々な専門機関やセクターが採用している継続的能力開発（CPD）の考え方を適用することができる。この手法は、組織の改革計画実施においても有効かつ有用であることが証明されている。CPDでは、その年度においてサービス担当従業員が獲得するべき最低単位数が設定される。そして、単位は、従業員が組織または外部機関が設ける様々な育成コースを受講することによって順次、加算される仕組みになっている。

　本章の冒頭のシナリオでスミス氏が直面していた育成プログラムの受講生が少ないと言う問題は、サービス担当従業員を組織レベルで必要とされる育成プログラムの種類を特定する取り組みに参画させることによって容易に解決できる。手に入れることのできる利点や便益を知れば、その従業員は自らの競争力を向上させようとする。組織が採用するCPDでなどの育成システムは、これを後押しするものである。

まとめ

- ❖　よく使用される用語は訓練、教育および育成の三つである。
- ❖　組織の従業員は、適切な知識、技術および姿勢を有していなければならない。
- ❖　競争力は三つのカテゴリに分類される。すなわち、核心的競争力、一般的競争力および特定競争力の三種である。
- ❖　組織内の協力を推進するために、競争力ギャップ分析を適用できる。
- ❖　CPDを、組織における育成プログラムの一環として適用できる。

第7章 | 動機付けの役割

シナリオ

　組織Cの経営会議で頻繁に付議される問題の一つは、従業員をどのように動機付けるかである。金銭的な奨励策以外にも、従業員を動機付ける他の要素も過去には提案されている。

　従業員の動機、モチベーションは、組織の改革計画の効果的な実施を確実なものにするために重要な役割を担っている。この意味において、動機付けはしばしば二つの側面、すなわち外発的報酬と内発的報酬から考えられている。

外発的動機付け

　外発的報酬は、給与、諸手当、ボーナス、奨励金ならびに長期、短期的な経済的便益などからなっており取引報酬とも呼ばれる。

　その意味で、金銭は富を示すものであるだけでなく、従業員の動機付けにもなっている。外発的報酬は、組織における従業員の行動に影響を与える動機付けの重要な手段でもある。金銭を従業員の能力改善のための基本的な奨励手段として使う場合、公的組織および私的組織の両方において、給与体系になんらかの支給策あるは便益提供策を加えることが長い間行われてきている。

　競争力があり生産的な人材を抱えることが求められる競争的な環境においては、それぞれの組織は競争力のある給与体系を確立することが不可欠である。このように、個々の組織は、その給与体系を、他の組織との対比で評価しなくてはならない。その背景には、最も高い意欲を持つ従業員とは、給与が自らの貢献に見合った対価であると考える人達であるとする考え方がある。もし、従業員が雇用主から受け取る報酬が十分であると感じ

るなら、従業員は公平に扱われていると感じ、そしてそれは仕事や勤務している組織に対して肯定的な姿勢となる。

このことは、従業員の観点からは、組織への貢献が雇用主に認められ、また自分たちが公正に処遇されていると認識することである。そして、その結果、組織における従業員の意欲ならびに仕事に対する能力が向上し、最終的には、組織の能力と生産性も改善する。

この意味において、給与と努力の関係は効率賃金理論で説明される。また、効率賃金理論によれば、雇用主は、従業員の努力を増大させるために、市場の均衡水準を超える報酬を支払う。このことは、従業員の生産性向上、転職率の低減、求職者の質の向上、従業員の意気込みの向上、そして職場における責任放棄など負の行動の減少などに資するものえある。

逆に言えば、もし雇用主が市場水準以下の報酬しか支払わない場合、従業員の士気は下がり、職場における意欲の低下や責任回避などの負の行動になりがちである。最終的には、従業員らは連れ立って組織を辞め、より高い給与を支払う会社の転職する可能性もある。つまり、効率賃金理論によれば、熟練した従業員は給与に依存すると言うことである。したがって、報酬の削減はその会社の生産性および収益性のもたらすものなのである。

内発的動機付け

第二の動機付けは内発的動機付けである。これは、往々にして、訓話などでの謝意、称賛の言葉、高い評価あるいは精神的な支援などを通じて行われる。内発的報酬あるいは便益は明確ではない手段、例えば職場での認識度の向上、ステータスの向上、仕事の保証、やりがいのある仕事、あるいは学習の機会などとして提供される。すなわち、従業員の仕事に対する強い意欲や組織への忠誠心への謝意の形をとる動機付けである。

一方、多くの研究結果によると、公務員には、民間会社の従業員とは違った動機付けの要素のあることが分かった。彼らは、外発的報酬よりも内発的報酬により強く動機づけられるのである。

　内発的動機付けを考える際、我々は三つの重要なレベル、すなわち国レベル、組織レベルおよび従業員レベルにおける価値を統合して評価しなくてはならない（図7.1）。それは、この評価の結果生じる価値が、金銭的あるいは物質的な便益だけではなく、組織や国に奉仕することに満足感を得るために働く者を生み出すからである。

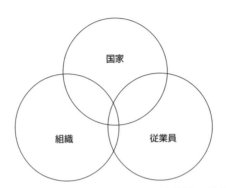

図7.1　個人的、組織的、国家的価値の統合

　この点で、内発的動機付けは利他主義的な要素、すなわちサービスや援助を行う際、それらに対する報酬を何ら期待しないと言う個人の生得の属性あるいは行動様式にしばしば関連付けられることがある。このことは、その個人が利己的ではなく、社会や国のために奉仕し、自己犠牲することに情熱と願望を持っていることを意味する。近年、公務員に対する内発的動機付けの持つインパクトに関する多くの研究がなされるようになったが、金銭的報酬のみによる従業員の動機付けを採用している組織における効果に関する研究知見による影響かも知れない。行政分野の研究者は、公共サービビの動機付け（PSM）と称される新しい動機付けを提唱している。

　これまでの研究結果によると、組織における従業員の意欲と給与との相関は、意欲とPSMの相関に比べて低いことが示されている。例えば、Taylor and Taylor（2011）は、PSMが従業員の生産性と強く相関性を示すことを報告している。また、彼らは同じ論文で、公共サービスの従業員が少しの昇給で生産性を改善することを報告している。したがって、PSMが組織における従業員の意欲を駆り立てることに重要な役割を果たすことは明らかである。なお、PSMが公務員だけに作用するものではな

く、民間セクターの従業員の動機付けにもインパクトを持つ側面のあることに留意されたい。

公共サービスの動機付け（PSM）

　公共サービスにおける動機付けは、特に公務員の動機付けの方向性を説明するために用いられる概念である。一般に、公共サービスの動機付けは、公的組織または機関の基本的なあるいは特異的な目的に対応する個人の資質、すなわち人や社会の役に立ちたい思いと定義される。この意味において、公共サービスは公務員が公共への奉仕を提供する機会を与えていることになる。この思いは、公共の利益、市民の義務、社会や国の利益への思いやりと自己犠牲などに支えられているのである。

　過去30年に渡る、マレーシアを含む諸国における実証研究結果は、公務員におけるPSMの重要性を示している。PSMに関する数多くの研究を実施してきた研究者の一人に米国・インディアナ大学のジェームズ・ペリー教授がおられる。

　ペリー教授は、様々な研究を通じて、公共サービスにおける個人と組織に対するPSMについて、二つの重要な効果についてこう結論している。第一に、高いレベルのPSMを持つ個人は、公共サービス分野におけるキャリアを求める傾向と関心が、他の個人に比べて高い。第二に、高いレベルのPSMを持つ個人は、自身が勤務する公的組織において最高のサービスを提供する傾向がある。したがって、高いレベルのPSMを持つ個々人を採用することによって、公的な組織はその従業員の能力管理において金銭的な報奨に依存する傾向が低くなる。

　公務員の意欲が、昇給やボーナス支給などの外発的要因によって高まることは否定できない。公共サービス分野において、政府も新しい給与体系の導入、昇給基準の見直し、ならびに年次ボーナスの支給などの金銭的報奨制度に配慮している。したがって、民間セクターにおいてボーナス支給や昇給が彼らの勤務する会社の財政状況や業績に依存するカウンターパートとは異なり、公務員は自分たちが享受できる便益に感謝すべきである。

　しかし、より高い給料やボーナスが、PSM の向上を保証するものではない。実際、過剰な昇給は財政状況に影響を与え、結果的にインフレ率の上昇に至る可能性もある。

　したがって、我々は、人々に最良のサービスを提供すると言う公共サービの原点と目標に立ち戻るべきである。この文脈において、PSM は公務員の動機付けに対して、常に重要な役割を果たしている。公務員は、内なる意欲を持たずに昇給とボーナス支給だけへの依存は一時的なものであり、長期的には持続可能でないことを認識しなくてはならない。

　公共サービスは、PSM に対する公務員の認識を高めるための育成と開発プログラムに焦点を当てるべきである。体系的な育成・開発プログラムは、公務員の認識レベルの向上に正のインパクトを与え、結果的に公務員の PSM を高めるものである。このことは、公務員の意欲に影響を与え、その結果、人々に提供されるサービスの質が向上する。

　公的組織において従業員の採用に責任を持つ人達は、選考過程をパスし採用面接を受ける候補者達が、確実に高いレベルの PSM を持っていることを保証するための適切な仕組みを導入する必要がある。このことは、公共セクターにある組織における人材採用過程を強化するために、求められる知識、技術あるいは学歴に加えて、PSM に関わる要素も考慮されなければならないことを意味する。

　個人レベルにおいては、公務員は、人々に最良のサービスを提供するという公共サービスの基本的な義務に対する根本的な認識を持っていなければならない。それは、公務員が自らの義務と責任に対する意欲と認識を持ち、個人的な利益よりも人々へのサービス提供を優先させる必要があることを意味している。ジョン・F. ケネディ元米国大統領は、かつて「国があなたのために何をしてくれるのかを問うのではなく、あなたが国のために何を成すことができるのかを問うて欲しい」と訴えかけた。

　取りまとめれば、本章の冒頭のシナリオに対しては、従業員の意欲を高めるためには、金銭的あるいは物質的な報奨以外の要素も含めることで対

処できると言うことができる。研究知見に拠れば、内発的動機付けは長期間に渡って維持される意欲を生み出すことが示されている。改革を達成する過程においては継続的な傾注が求められるため、組織は金銭的報酬とは別に内発的動機付けにも十分な注意を払うことが合目的的である。

まとめ

- ❖ 動機付けは、内発的動機付けと外発的動機づけの二つのカテゴリに分類される。
- ❖ 効率賃金理論によって給与と意欲の相関を説明できる。
- ❖ 多くの研究結果は、内発的動機付けが従業員の意欲向上の重要な要因であることを示している。
- ❖ 公的サービスの動機付け（PSM）は、内発的動機付けを生み出すために利用できるアプローチである。
- ❖ PSM は体系的な育成プログラムに含めることができる。

第**8**章｜改革コミュニケーション計画

シナリオ

　アリ氏は、所属部署から改革伝達計画を立案するように指示を受けた。締め切りは２週間後であるが、しかし、必要な書類、関連する部署、そして所属部署の計画立案に適した形式などをどう見極めればよいかわからず、彼は途方に暮れている。

　組織改革は、長い時間を必要とする可能性のある現在進行形のプロセスである。ある組織の改革計画を確実に実施し、有効かつ効率的に管理する際の基本課題はコミュニケーション計画と従業員からのフィードバックの二つである。

　これらは、改革計画を合理的なものとし、また様々なレベルの従業員へトップダウンで確実に意思伝達するためだけではなく、改革の勢いを常に適切なレベルに維持するためでもある。上に述べたように、改革とはプロセスであり予定ではない。

　組織の改革には少なくとも３種類の重要な書類がある。すなわち、改革基本計画、戦略的行動計画そして個別の行動計画である（図8.1）。

　これらの書類は、組織の改革過程における生命線である。この３種類の重要な書類が、改革に関わる人達に系統的に確実に配布、伝達されるように、戦略的コミュニケーション計画が策定されなければならない。

　改革コミュニケーション計画は、その策定と実施を組織が支援して策定される必要がある。ここには留意すべきいくつかの要素がある。例えば、特定のグループの参画、フィードバックのシステム、そして情報の伝達手段等の各要素である。

図 8.1　組織改革に必要な 3 種類の重要書類

上級管理職の参画

　改革コミュニケーション計画の策定に際して重要な課題の一つは、上級管理職の参画である。組織の上級管理職は、改革過程の全般に渡って責任をもって参画しなくてはならない。上級管理職は、中間管理職との打ち合わせや特定の従業員グループと話すだけではなく、様々なレベルの従業員と面談する必要がある。これは、正確な情報が効率的に伝達され、正確に受け止められるために必要である。

　その際に、上級管理職が語るべき問題の一つは、組織が改革をする理由であり、改革をしなかった場合のリスクである。上級管理職は、その組織の使命、展望、組織が対象とする範囲そして価値観などの戦略的事項について話さなければならない。

中間管理職の参画

　中間管理職は、改革計画の実施にあたって改革推進人として重要な約割を果たす存在である。中間管理職の参画がなければ、多くの重要な情報が上級管理職レベルに留まってしまう。中間管理職は、管下の従業員に改革のインパクトを説明しなければならない。その内容は、戦略、職掌範囲、能力指標ならびに時間の枠組みなどである。これによって、従業員および組織は、組織の目指すべき方向性を探り、個々人のなすべきことを知り、そして彼らの能力がどのように評価されるのかを知ることができる。

従業員と組合の参画

　積極的な組織とは、その組織の目指す方向性に関わるすべての重要な情報がすべての関係者に共有されることを保証する組織である。これは、その組織の目指す方向性について、すべての関係者が参画し、意見や視点を交換する場を有することである。また、このことは従業員サポートを間接的に支援することにもなる。従業員との対話でよく持ち上がる問題は、「このことが自分に及ぼす影響はなにか？」である。このような場面では、管理職は組織の目指す方向性と、組織が従業員、組織自体、代理店、社会ならびに国の利益のためになると考える価値観について明確にしなくてはならない。それは、新しい技術や仕事の文化の導入など、従業員の利益にもつながる将来の展望を共有することで実現されるものである。

フィードバックの仕組み

　改革計画の達成度を評価する仕組みを確立し、常に更新しなくてはならない。これは、従業員による重要な改革計画の節目毎の成功事例をもれなく評価し、ともに祝うために必要である。さらに、これによって改革中に生じたすべての問題を網羅的に解決することも可能となる。フィードバックの仕組みは、社内における明確なそして漠然としたコミュニケーションの両方に支えられなければならない。これより、組織が明示的な重要能力指標（KPI）ならびに明示的ではない能力指標（KIP）の両輪を推進力とすることが保証される。

情報伝達方法

　一般に、最も効率的な情報の受け渡しは、直接、面と向かって情報を伝えることである。すなわち、最善の改革計画の従業員への伝達は、会議、報告会、対話集会、あるいは討論会などである。しかし、組織は情報の伝達に関して、電子メールやCD、SNS、電話相談、ポスター、速報掲示、仮想討論会、巡回集会、グループ会議、ビデオ、ホームページあるいは部署ごとの週例会議など既存のメディア、方法を活用した情報伝達方法を確立するべきである。これらのメディアを活用することによって、管理者は組織の改革計画に関するメッセージを伝達することができる。メッセージとは、例えば、下記などである。

　1. 改革の状況
　2. 組織の目指す方向性
　3. 現在および将来の変化
　4. 計画の実施
　5. 達成事例
　6. 新しい手順とシステム

改革コミュニケーション計画書式の例

　図8.1に示した改革コミュニケーション計画と行動計画に加えて、組織は、改革コミュニケーション計画を活用した、改革計画の実施と監理についても留意しなければならない。すなわち、全ての重要なメッセージが、効率良く、トップダウンあるいはその逆方向に伝達されなければならない。

　本章の冒頭に掲げたシナリオのアリ氏は、本章で述べた概念および方法に基づいて3種類の書類、すなわち改革戦略計画、改革行動計画ならびに個人行動計画を策定することによってコミュニケ-ション計画を立てることができる。さらに、アリ氏は、改革計画、とりわけ改革計画に関する情報のすべての従業員への発信を支えるために、組織内の多様な利害関係者の参画を確実に実現しなくてはならない。そして、これは表8.1に示す書式の統合的な改革コミュニケーション計画を策定することで可能となる。

表 8.1　改革コミュニケーション計画の書式例

番号	対象グループ	責任範囲	何を	どのように	何時	状況

まとめ

❖　組織の改革は継続的なプロセスである。

❖　コミュニケーションフローを確実にするために、フィードバックの仕組みが必須である。

❖　上級管理職ならびにすべての利害関係者もコミュニケーション計画に参画しなければならない。

❖　情報伝達に様々な手段がある。

❖　コミュニケーション計画の書式では、責任範囲と時間の枠組みが明示されなければならない。

第9章｜改革の制度化

シナリオ
　現在、所属部署の副経理部長であるジェームズ氏は、2年前に部署の改革計画準備・立案に直接携わっていた。しかし、現在では改革計画は、もはや部署の議題でも活動項目でも無くなっていることに気づいている。

　改革計画を立案し、実施する際に大事な課題の一つは、改革計画に定められた取り組みを着実に実施し、その成果をチェックすることである。改革計画は、組織内各部署の活動、業務がその組織の使命と確実に一致しているよう、従業員が新しい労働文化を受け入れ実践することが必要である。

　レヴィンの改革モデルで強調されているように、ここには三つのフェーズがある。すなわち、解凍（unfreeze）、移行（transition）、および再凍結（refreeze）である。常に、改革計画が従業員によって確実に適用され、実践されるようにするためには、改革を制度化し組織の体制の一部として組み込む努力が必要である。このことは、改革計画の制度化が従業員の新しい文化になるよう組織体制が基盤になることを意味する。改革計画の制度化には、以下に示すいくつかの段階がある。

選考と採用プロセス

　ある組織において、その従業員の数がサービスの質を改善する決定的な要因ではないのが現実である。レベルの高い責任感に裏付けられていなければ、従業員数の多さ自体は無意味である。責任感はその組織の目的や価値観を強く信じまた受け入れることによって生まれるものであり、組織への貢献に最善を尽くすことやその組織での継続的勤務に対する強い願望として現わされる。従業員の責任感は組織への帰属意識にも反映され、組織の使命、業務への集中そして組織への忠誠心が含まれる。

　言うまでもなく、組織への忠誠心はその組織の第一印象から始まる。したがって、新しい人材の選考と採用は、すべての組織の管理において重要なプロセスである。改革を制度化するためには、人材の採用プロセスは改革計画を支えるために変わらなければならない。最良の人材の採用を確実にするために、多様な選考方法や試験が使われている。しかし、組織の改革と言う文脈において、採用プロセスは候補者の知識や技量だけではなく、個人個人の価値観も考慮しなければならない。選考過程は、候補者の価値観がその組織の環境に確実に馴染めるものであることを確かめなければならない。例えば、公務員を目指す候補者は、人々にサービスを提供することにより公共の利益を維持すること動機でなければならない。したがって、候補者は最良のサービスを人々に提供する心構えができている必要がある。このことは、選ばれるべき採用候補者の性格や興味が、公務員たる者の価値観や目的に合致するものでなければならないことを意味している。

戦略的プロセスとしての成果・能力評価

　能力評価とは、部署長または上司による管下従業員の能力に対する公式な評価である。従業員の能力評価は、期首に設定した成果目標の達成度およびその従業員が組織文化に適合しているかに基づいて実施される。また、大局的な文脈で言えば、能力の評価結果は、その従業員のキャリアだけではなく、その所属部署全体の評価にも関わる重要なものである。

　また、評価結果は公共部門全体の効率性に対する人々の認識にも影響を及ぼす。能力の評価方法は、組織によってあるいは従業員個々によっても、その役割や評価者によっても異なり得る。一般に、能力評価には二つの主な手法がある。一つは、部署長また上司による管下従業員の評価である。この従来の手法の主な特徴の一つは、部署長または上司が、唯一の判定者として、所属長の観点から善い行為や悪い行為の判断を実施することである。そして、この評価結果が当該従業員の昇進・昇給、場合によっては解雇などを判断する基礎データとなる。

　もう一つは、個々人の持つ潜在可能性と問題の把握を目的とする双方向の意思疎通過程として能力評価を捉える手法である。言い換えれば、この手法では、日々の業務に当たる従業員の抱える問題を明らかにするプロセスとして能力評価を活用し、その結果としてその従業員の潜在的な能力を開発するための能力育成行動計画が策定される。

　改革計画を制度化するために組織が取るべき行動は、能力評価の枠組みと実施過程の見直しである。この場合、能力評価は組織における人材管理の他の要素から独立あるいは隔離された要素ではなくなる。これらの人材管理に関する諸要素を統合することによって、組織はその部署の使命と個々人の日常業務の関連付けを支援する能力管理アプローチを実践することができるのである。

　従業員の人材育成と言う文脈において、例えば組織は能力評価を当該従業員の長所と短所を把握する枠組みとして活用することができる。すなわち、能力評価を部署レベルにおける育成ニーズ分析の一部として利用できる。次の段階は、その従業員に個々人ならびに部署のニーズに合わせた育成・能力開発プログラムへの参加を推奨することである。この結果、従業員が所属部署の目指す方向や目標が求める知識や技術を身につけることにより、その部署はより強い競争力を持つことになる。

　従業員個人の立場からは、自分の能力や潜在性を開発するため育成・教育プログラムを考慮した部署長あるいは上司の能力評価であり、従業員の間に、組織の使命と将来展望を達成するために革新と生産性の向上を図る文化を育むことになる。

継続的な人材育成

　改革を制度化するためは、従業員が適切な勤務姿勢、技術ならびに知識を、確実に身に着けるよう継続的な人材育成、能力開発が必要である。これは、競争力開発と継続的学習に基づいて綿密に計画された育成管理によって実現される。

　したがって、組織は、人材育成、能力開発に十分な予算を割り振らなければならない。予算計上を正当化するためには、育成・開発に関する総合的な方針と体系的な実施体制を導入しなければならない。しかし、そのためには、すべての部署長と従業員の積極的な参加が必要である。部署長は、部署の人材開発計画に十分な関心が確実に払われるよう、全責任を負わなければならない。人材育成方針の目的および目標達成を支える育成プログラムの提供もここに含まれる。その意味において、部署長は組織の育成方針で定められた予算の配分を常に認めなければならない。十分な予算の配分あるいは投資がなければ育成プログラムが限定的となり、部署の改革計画の達成に支障をきたすことになる。また、組織はその従業員のためのトレーニングプログラムが、組織がいかなる技術や目標の変化にたいしても常に維持すべき適切な立場の要件に沿っているように配慮しなければならない。

　これは、従業員が必要とする育成内容を見極めるための育成ニーズ分析を含み、また、部署の目指す方向を考慮した、総合的な基本育成計画を部署が作ることで実現できる。しかし、綿密な育成管理システムとは、上記の側面を配慮するだけではなく、これらを公務員の能力を開発するための育成ロードマップと競争力の枠組みとして実践するものである。

報奨制度

　組織における従業員の能力を向上させる可能性のある魅力的で競争力のある給与体系の設定は、想像するほど簡単なものではない。しかも、往々にして限られた予算や諸々の要因による制約があるために、給与体系の決定は複雑な事案である。

　給与と能力・成果の関係は、人材管理においては古くからの問題である。この問題に対して、効率賃金理論は一定の説明を示している。この理論の基本原則は、従業員の能力・成績と賃金には正の相関があると言うことである。このことは、より高い給与が従業員の勤勉さや努力の程度を向上させることを意味する。

　したがって、従業員に支払う給与の増加分よりも、従業員の生産性向上によるリターンが上回り、組織の利益の最大化に寄与することになる。また、より高い給与は従業員の責任感や忠誠心の向上にも重要であると考えられる。これは、従業員の側から見れば、給与の増額は、組織がその従業員の貢献を認め、公平に処遇していることになるからであり、したがって、従業員の責任感および業務成績の増大につながるのである。

　しかし、改革の制度化を支えるためには、報償制度に一定の修正が必要であり、また、いくつかの側面の検討が必要である。第一に、組織は、提供する給与が公正かつ適切であることを保証するために、多様な側面の評価を網羅する包括的な能力・成績評価手法を確立する必要がある。このような手法があることが、昇給が能力向上に伴うものであることを保証する基礎になる。この評価手法には、一般に能力評価の尺度として用いられる能力評価票に含まれる要素の調査が含まれる。

　第二に、能力の向上は上司による監理によって達成されるものである。したがって、組織のすべてのレベルにおけるリーダーシップの醸成は、品質、技術そして競争力に力点を置いた変化に沿ったものであることが必要である。例えば、急速な改革を遂げている組織においてますます複雑なものに移行するリーダーシップ開発に対して、多様なレベルのリーダー達は同調して対応しなければならない。換言すると、組織のリーダーは、有能な評価者になるために、常に新しい知識と技術の獲得と向上に努力しなければならないのである。

　第三に、従業員に昇給を与える場合、給与と能力を関係付ける決まった計算式を用いなければならない。この特定の計算式は、昇給と能力の向上が対応していることを保証するものである。多数の従業員が納得するような能力を評価する仕組み、あるいは計算式がなければ、改革計画の実践に支障をきたす可能性がある。金銭あるは物品による報償に加えて、組織は、従業員のモチベーションを向上させる上で重要な役割を果たす、内発的報酬のための明確な仕組みを策定する必要がある。

　本章の冒頭シナリオのジェームズ氏が直面する問題を解決するためには、彼の所属する組織は改革計画を制度化するために現行の方針を変更するしる必要がある。すなわち、組織はその改革計画と一致するような方針を新たに導入するか、あるいは既存の方針を見直さなければならないのである。ここで大事なことは、"改革計画は、現在の出来事、規制あるいは組織体制によって流動するものである"と言うことである。これによって、間接的に、従業員の間に良い慣行の文化を維持し、改善することができるのである。簡単に言えば、改革は、付録に示されている手順に従えば実際の項目として理解することができる。

まとめ

- ❖　再凍結期は、改革計画を制度化するプロセスの一部である。
- ❖　新規人材の採用に際しては、改革計画を推進するために必要な姿勢および技術を評価しなければならない。
- ❖　能力評価は、改革計画を支援する戦略的道具として利用されなければならない。
- ❖　継続的かつ系統的な教育は、組織における従業員の知識、技術ならびに姿勢の育成に重要である。
- ❖　給与・報償制度は、組織改革に対する意欲に呼応していなければならない。

付録

組織改革チェックリスト

項目	状況
展望（Vision）	
使命（Mission）	
共有価値観（Shared values）	
環境分析（Environmental analysis）	
重要な成功要因（Critical success factors）	
戦略的目標（Strategic goals）	
主要結果分野（Key Result Areas）	
戦略（Strategies）	
主要成績指標（Key Performance Index、KPI）	
業務分析（Job analysis）	
業務内容（Job description）	
体制（Structure）	
競争力育成（Competency development）	
業務評価（Job evaluation）	
行動計画、行動プラン（Action plan）	
モニタリング、監視（Monitoring）	
コミュニケーション計画（Communication plan）	
動機、意欲、動機づけ（Motivation）	
管理と成果の評価（Management and performance evaluation）	
報酬、報奨（Reward）	

参考文献

Ahmad, A.S., Mansor, N. & Ahmad, A.K. (2003). *The Malaysian Bureaucracy: Four Decades of Development.* Selangor: Pearson Prentice Hall.

Armstrong, M. (2011). *Armstrong's Handbook of Human Resource Management Practice: A Guide to People Management.* London, UK: Kogan Page.

Akerlof, G.A. (1982). Labor contracts as partial gift exchange. *The Quarterly Journal of Economics,* XCVII(4), 543–569.

Akerlof, G.A. & Yellen, J. (1986). *Efficiency Wages Models of the Labour Markets.* Cambridge: Cambridge University Press.

Akerlof, G.A. & Yellen, J. (1990). The fair wage-effort hyphothesis and unemployment. *The Quarterly Journal of Economics,* 105(2), 255–283.

Alonso, P. & Lewis, G.B. (2001). Public service motivation and job performance. *American Review of Public Administration,* 31(4), 363–380.

Baker, W.E. & Jimerson, J.B. (1992). The sociology of money. *American Behavioral Scientist,* 35, 678–693.

Brewer, G.A. (2008). Employee and organizational performance. In J.L. Perry & A. Hondeghem (Eds.), *Motivation in Public Management: The Call of Public Service.* Oxford: Oxford University Press.

Brewer, G.A. & Selden, S.C. (1998). Whistle blowers in the federal civil service: New evidence of the public service ethic. *Journal of Public Administration Research and Theory,* 8, 413–439.

Brewer, G.A., Selden, S.C. & Facer, R.L.I. (2000). Individual conceptions of public service motivation. *Public Administration Review,* 60, 254–264.

Clark, K. & Tomlinson, M. (2001). *The Determinants of Work Effort: Evidence from the Employment in Britain Survey.* University of Manchester, School of Economics, Discussion Paper No. 0113.

Commonwealth Secretariat. (2004). *A Profile of the Public Service of Malaysia.* London: Commonwealth Secretariat.

Crewson, P.E. (1997). Public-service motivation: Building empirical evidence of incidence and effect. *Journal of Public Administration Research and Theory,* 7, 499–518.

Davis, T.J. & Gabris, G.T. (2008). Strategic compensation utilizing efficiency wages in the public sector to achieve desirable organizational outcomes. *Review of Public Personnel Administration,* 28, 327–348.

Embi, M.A. (2006). *Cabaran Melaksanakan Sistem Saraan Berasaskan Merit di Sektor Awam* (Challenges in Implementing Merit-Based Remuneration System in the Public Sector). Kuala Lumpur: Utusan Publications & Distributors Sdn. Bhd.

Fairris, D. & Alston, L. (1994). Wages and the intensity of labor effort: Efficiency wages versus compensating payments. *Southern Economic Journal*, 61, 149–160.

Frederickson, H.G. & Hart, K. (1985). The public service and the patriotism of benevolence. *Public Administration Review*, 45(5), 547–553.

Foster, J.E. & Wan, H.Y., Jr. (1984). Involuntary unemployment as a principal-agent equilibrium. *The American Economic Review*, 74 (3), 476–484.

Frey, B. (1993). Does monitoring increase work effort? The rivalry with trust and loyalty. *Economic Inquiry*, 31, 663–670.

Furnham, A. & Argyle, M. (1998). *The Psychology of Money*. London, UK: Routledge.

Gabris, G.T. & Simo, G. (1995). Public sector motivation as an independent variable affecting career decisions. *Public Personnel Management*, 24(1), 33–51.

Goldsmith, A.H., Veum, R. J. & William, D.J. (2000). Working hard for money? Efficiency wages and worker effort. *Journal of Economic Psychology*, 21, 351–385.

Halligan, J. &Turner, M. (1995). *Profiles of Government Administration in Asia*. Canberra: Australian Government Publishing Service.

Houston, D.J. (2000). Public-service motivation: A multivariate test. *Journal of Public Administration Research and Theory*, 10(4), 713–727.

Kohli, M. (1988). Wages, work effort, and productivity. *Review of Radical Political Economics*, 20(2&3), 190–195.

Lawler, E.E.I. (1971). *Pay and Organizational Effectiveness: A Psychological View*. New York: McGraw-Hill.

Lewin, K. (1951). *Field Theory in Social Science*. New York: Harper & Row.

Milkovich, T.G. & Newman, M.J. (2009). *Compensation* (9th edition). Boston: McGraw-Hill/Irwin.

Mitchell, T.R. & Mickel, A.E. (1999). The meaning of money: An individual difference perspective. *Academy of Management Review*, 24, 568–578.

Musa Ali. (2008). *Transformasi Pengurusan Latihan Sektor Awam: Pendekatan Universiti Sains Malaysia*. Penang: Training Unit, Universiti Sains Malaysia.

Perry, J.L. (1997). Antecedents of public service motivation. *Journal of Public Administration Research and Theory*, 7(2), 181–197.

Perry, J.L. (2000). Bringing society in: Toward a theory of public service motivation. *Journal of Public Administration Research and Theory*, 10 (April), 471–488.

Perry, J.L. & Hondeghem, A. (2008). *Motivation in Public Management: The Call of Public Service*. Oxford: Oxford University Press.

Perry, J.L. & Wise, L.R. (1990). The motivational bases of public service. *Public Administration Review*, 50(3), 367–373.

Perry, N. & Sherlock, D. (2008). *Quality Improvement in Adult Vocational Education and Training: Transforming Skills for the Global Economy*. London, UK: Kogan-Page.

Raff, D.M. & Summers, L.H. (1987). Did Henry Ford pay efficiency wages? *Journal of Labor Economics*, 5(4), S57–S86.

Rainey, H.G. (1982). Reward preferences among public and private managers: In search of the service ethic. *American Review of Public Administration*, 16(4), 288–302.

Rainey, H.G. (1983). Public agencies and private firms: Incentive structures, goals and individual roles. *Administration and Society,* 15(2), 207–242.

Rainey, H.G. (1991). Understanding and Managing Public Organizations. San Francisco: Jossey-Bass.

Siddiquee, N.A. (2006). Public management reform in Malaysia: Recent initiatives and experiences. *International Journal of Public Sector Management,* 19(4), 339–358.

Solow, R. (1979). Another possible source of wage stickiness. *Journal of Macroeconomics,* 16, 79–82.

Taylor, J. (2005). The next generation of workers in Australia: Their views on organizations, working and rewards. *International Journal of Human Resource Management,* 16, 1919–1933.

Taylor, J. (2010). Public service motivation, civic attitudes and actions of public, nonprofit and private sector employees. *Public Administration,* 88(4), 1083–1098.

Taylor, J. & Taylor, R. (2011). Working hard for more money or working hard to make a difference? Efficiency wages, public service motivation, and effort. *Review of Public Personnel Administration,* 31(1), 67–86.

Viljoen, J. & Dann, S.J. (2000). *Strategic Management.* NSW, Australia: Pearson Education Australia.

Wittmer, D. (1991). Serving the people or serving for pay: Reward preferences among government, hybrid sector, and business managers. *Public Productivity and Management Review,* 14(4), 369–383.

Yellen, J.L. (1984). Efficiency wage models of unemployment. *American Economic Review,* 74, 200–205.

索引

組織改革　概念と実施テクニック

2021 年 1 月 1 日　第 1 刷　発行

著　　　者　ムサ・アリ

発　行　所　公益社団法人日本マレーシア協会

　　　　　　〒 102-0093　東京都千代田区平河町 1-1-1

　　　　　　Tel. 03-3263-0048

発　売　元　株式会社紀伊國屋書店

　　　　　　〒 153-8504　東京都目黒区下目黒 3-7-10

　　　　　　ホールセール部（営業）Tel. 03-6910-0519

印刷・製本　Sinaran Bros. Sdn. Bhd. (Malaysia)

ISBN　978-4-87738-549-1　C3034